飛距離アップの正解

軽く振って
きれいに
飛ばす!!

ツアープロコーチ
大西翔太

変化が目に見える、
効率のよい
スイングの仕組み

河出書房新社

ツアープロコーチの大西翔太です

2021 年 AIG 全英女子オープンゴルフ選手権カーヌスティゴルフリンクス（スコットランド）にて

はじめに

ゴルフの楽しみ方は人それぞれですが「楽しくてナンボ」だと、僕、大西翔太《おおにししょうた》は思っています。

スイングコーディネーターでツアーコーチを務めている僕は、世代の違うアマチュアから世界のトッププレーヤーまで、様々なゴルファーをみています。そんな中で、改めて感じるのは、多くのゴルファーが「飛ばし」に大きな魅力を覚えているということです。

「飛ばし」に限ったことではありませんが、自分が持っている〝クセ〟を生かすことが、ゴルファーにはとても大切だということも強く思っていました。

２０２１年、僕がコーチをし、キャディもしている青木瀬令奈《あおきせれな》プロが全英女子オープンに初めて出場しました。舞台となったスコットランドのカーヌスティＧＣに一緒に行った僕は、これまで自分が考えていたことが間違っていなかったと、そこで改めて感じました。

メジャーのフィールドにいる世界のトッププレーヤーたちは、本当に自分のクセをしっかりと見抜き、それをポイントにすることでスイングの効率化をはかっています。

たとえば、レキシー・トンプソンは、ジャンプするようにスイングすることで、地面反力を最大限に利用しています。パク・インビーは、ドライバーからパターまですべて一定のリズムでスイングしています。いずれも、自分の体のクセ、関節のクセなどがよくわかっていて、それを利用することで効率のいいシンプルなスイングを作り上げているのです。もちろん、これは飛距離にもつながります。疲れもたまらず、故障もしにくくなる。いいことずくめです。

　青木プロはもちろん、渋野日向子《しぶのひなこ》プロ、笹生優花《さそうゆうか》プロのメジャー優勝者を始めとする日本勢も、それぞれの持ち味を生かしてプレーしていたと思います。

　今回は、予選落ちしてしまった青木プロですが、こんな言葉を口にしていました。「自分の持ち味を生かせず、悔しい結果でしたが、人生で初めてリンクスという今まで経験したことのない舞台に行ったことで、知らない世界を知りました。人としても、ゴルファーとしても、人生が豊かになり、まだまだ可能性があることを感じました。私自身、スイングはクセのあるほうだと思いますが、世界は広かったです」。そう、青木プロも、メジャーの舞台でクセを生かして活躍する選手たちが多いことを肌で感じていたのです。

　僕が初めてゴルフクラブを握ったのは中学1年生のとき。プロになった2歳下の妹の葵《あおい》がしているのを見て「面白そうだな」と、やってみたのです。僕を夢中にさせたのは、9番アイアンで一発いい当たりをしたときのボールがつぶれたような感触です。「何だこれは!?」という衝撃でした。今、思えば「芯に当たった」感触のことなのですが、僕を虜にするのに十分な手応えでした。

　ゴルフは、いつも僕を助けてくれました。僕にとっては人生そのもの。その素晴らしさ、楽しさを、少しでも多くの人に伝えていくことで、恩返しをしたいと思っています。

みなさんが少しでも長く、ゴルフを楽しめ

るように。無理をすることなくいい球を打って笑顔になって欲しいのです。そのためにはどうしたらいいかをいつも考えています。

ジュニアも、若者も、年を重ねてもできるのがゴルフ。長く続けるためには、ケガをしないこと。それには、自分のクセを生かして無理をしないことです。飛距離も、それで追及することができるはずです。

せっかく生涯スポーツとして楽しめるゴルフを、より長くプレーするために。本書がそのガイドブックの役割を果たせれば、これ以上の幸せはありません。

大西翔太

軽く振ってきれいに飛ばす!!

飛距離アップの正解

変化が目に見える、効率のよいスイングの仕組み

contents

第1章 飛ばしの準備

第3章 飛ばしのスイング作り1 ～基礎知識～

AIG
WOMEN'S OPEN

第5章 飛ばしのコースマネジメント&飛ばしのメンタル

第1章

飛ばしの準備

①大切なのは自分探し

クセをアドバンテージにしよう

人間の体は十人十色。体の動かし方も、それぞれに合ったものがあります。同じ型にはめることもなければ、無理に合わない形に矯正することもありません。

まず、自分探しをしましょう。自分の体はどうなっているのか。**体の使い方のクセは？　しっかりこれを知ることで、自分に合ったスイングが見つかります。**そこでポイントを押さえれば、クセを欠点でなくアドバンテージにすることができるのです。

どれだけクセのあるスイングでも、うまい人はうまい。逆に、どれだけきれいなスイングでもヘタな人はヘタなままです。人間の体は人それぞれ。骨格だけでなく、筋肉のつき方も柔軟性も、一人一人違います。だから、ゴルフがうまくなるには、自分の体そのものと、そのクセを生かすことが必要なのです。その上で、邪魔なクセを排除すれば、効率よくゴルフができます。

フライングエルボーもそのまま？

わかりやすい例をお話ししましょう。僕がスイングコーチとキャディをしている青木瀬

令奈プロは、２０１５年に出会った頃、フライングエルボー気味のスイングに悩んでいました。トップ・オブ・スイングで右ヒジが上がってしまい、右わきが空くフライングエルボーは、一般的にはよくないクセとされているからです。

確かに、トップで右わきが空くと、スイングが一定せず、ブレやすくなります。けれどもこれはあくまでも一般論。腕のつき方ひとつにも個人差があります。それによって可動域も違います。自分の可動域に合った動きであれば、一般的にはＮＧとされるものでも問題はありません。むしろそれを直すことで窮屈になってしまったり、動きに無理が出てしまうリスクもあるのです。

青木プロの場合は、フライングエルボーになることで自然な可動域が保てます。だから矯正の必要はなかったのです。

後で述べますが、それ以外の部分で様々なスイング改造をして、飛距離を約40ヤード伸ばすことに成功した青木プロ。でも、フライングエルボーのトップについては、現在でもそのままになっています。彼女のスイングの特徴のひとつに過ぎないというわけです。

自分は右軸？ 左軸？

骨格はもちろん、体の柔軟性など、人はそれぞれが違う体を持ち、それに伴う可動域を持っています。これに、長年のクセが加わるとさらに千差万別。脚を組むとき、腕を組むとき、多くの人は無意識にいつもどちらか片側を上にしているはずです。ただ立っているだけ、座っているだけでも、無意識のうちに

自然な立ち姿を鏡の前でチェックしてみよう！

重心が右に傾いているのなら自然にアドレスもその形になる

左右どちらかに偏っているのは当たり前

左重心の日常ならアドレスもそう
なるが、クセを生かすことになる

関節のつき方も十人十色
無理に型にはめるのは
ケガのもとになる

関節ひとつ分左手を上にして
手のひらを合わせ後ろに引いてみよう

自然にできる形はどちらになるか
自分で一度確認してみよう

どちらかに体重が偏っているのが普通です。
　これがわかれば、自分が本来左軸か、右軸か、それとも真ん中なのかを知ってそれに合ったスイングをすればいいのです。

いわゆる〝一般論〟が、誰にでも当てはまるわけではないことを覚えておきましょう。

自分と違う体の作り、違うクセに向いたスイングを無理にしようとしていいことはひとつもありません。全身が映る大きな鏡の前で、自分の体をよく見るところから始めましょう。まっすぐ立った状態で体重はどちらかにかかっていますか？　右なら右軸、左なら左軸、真ん中の人もいるはずです。

　次は鏡の前でアドレスしてみてください。無理に〝教科書〟に当てはめようとせず、いつもの自分の姿です。さっき立ったときと重心が同じなら、自然なアドレスです。もし違うなら、その時点でストレスがかかっているので気をつけてください。

　もうひとつやってみて欲しいのは、両手を体の前に伸ばして手のひらを合わせ、関節ひとつ分左手を手前にずらしてみることです。

　体を正面に向けた状態で両手を重ねたまま90度倒して左手を上にしつつ、右後方に両手を引いていってみてください（21ページ写真参照）。右ヒジはどちらを向いていますか？

　下を向いている人もいれば、後方を向いている人もいます。自分がどれかを確認しましょう。意識せずにしている動きだからこそ、自分の可動域がわかる動きになっているというわけです。

　ちなみに青木プロの場合は、右ヒジは下を向いていません。ここでもフライングエルボーは自然な可動域だったことがわかります。

現代人にはスクワットも必要

物の見え方にも個人差があります。いわゆる〝利き目〟。両手で作った丸の中で遠くの1点を見ます。片方ずつ目をつぶって同じものを見ると、以前と同じように見えるほうとそうでないほうがあるはずです。前者が利き目。これも体のクセといえるでしょう。

体そのものだけではなく、生活習慣も身体的なクセを形作ります。例えば、和式トイレが当たり前だった時代の日本人は、トイレに行く度にスクワットのような動きを自然にしていました。股関節の可動域が広がり、太もも前方の大腿四《だいたいし》頭筋《とうきん》やお尻の大臀筋《だいでんきん》、太もも裏側のハムストリングスなどが鍛えられるスクワットを、意識せずにできていたというわけです。洋式が普及した今では〝意識して下半身を鍛えなくてはなりません。

こんな風に、自分の生活習慣に足りない動きを理解し、生活の中に取り入れていくことは、ゴルフだけでなく健康な日常生活のためにも大きな意味を持っています。

自分の体をじっくり見る機会は意外に少ないものです。さあ、鏡の前で〝自分探し〟をして、ストレスフリーな飛ばしへの第一歩を踏み出しましょう。

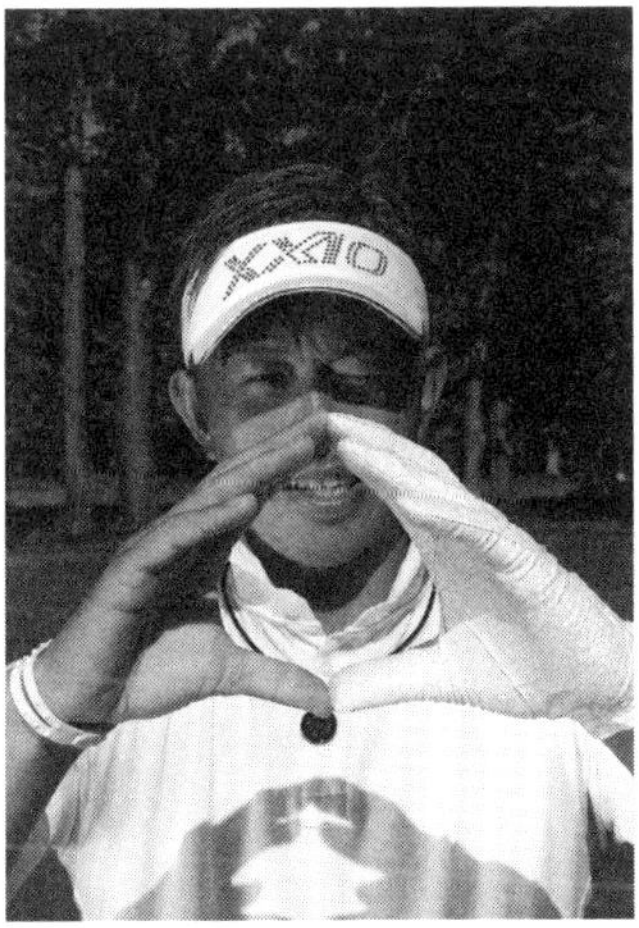

▶片目をつぶって輪の向こうに見える物が動かないほうが利き目

②クラブ選びに必要なこと

自分の感覚を信じてクラブを探そう

自分の体の一部のように操れるクラブを探すのは、飛距離アップへの近道です。間違えないでいただきたいのは、**クラブに自分を合わせるのではなく、自分に合わせてくれるクラブを選ぶことが大切なのです。**

ゴルフは、クラブでボールを打って、最終的にはカップに入れるというスポーツです。自分に合わないクラブを使って苦労したり、スイングをおかしくすることなく（こういうゴルファーは枚挙にいとまがありません）プレーするには、クラブ選びは本当に大切です。

クラブは、古《いにしえ》の武士の刀のようなものです。彼らは単に武器としてではなく、自分の魂のように刀を大切にしました。時には自分の命よりも……。ゴルフでも、クラブは単に道具ということではなく、自分の力をボールに伝えてくれる大切なパートナーです。武士の刀のように大切に考えることが大切です。

ゴルファーの魂ともいうべきクラブは、規則上最多14本持てることになっています。自分に合った14本を選んで、研ぎ澄ました刀のように使いこなしてください。

第1章①で「自分の体をよく知ろう」という話をしました。クラブは、その体の延長線

クラブはゴルファーの魂、武士の刀と同じ

自分の感覚を信じて 14 本の
“武器” を選ぼう

データも大切だが自分の感性は
もっと重視していい

上にあります。野球ならバット、テニスならラケットにあたる体の一部というわけです。

クラブフィッティングが盛んになり、測定した数値を基に、ゴルファーに合ったクラブをプロのフィッターに選んでもらうことは一般的になりました。けれども、それを妄信するのではなく、自分自身の感覚を大事にすることを忘れないでください。

ヘッドの大きさやソール幅、スイートスポットのサイズ、慣性モーメントの大きさなど、様々な要素があるゴルフクラブ。ヘッドに関してだけでもこれほど違いがあります。シャフト、グリップ、そのマッチング……となるとどうしていいかわからない、という方もよくお見かけします。

そんなときには、プロのフィッターなどの話を参考にすることで、ある程度、選択する範囲を狭めるのは悪くないと思います。それでも、大事にして欲しいのが、ゴルファー本人の感覚です。数字などに振り回されずに、自分の感覚に素直に耳を傾けることを優先しましょう。

もうひとつ、道具は、効率よくプレーするために使うものです。だから**無理に難しいクラブを使おうとしないこと。**ユーティリティ（UT）という使い勝手のいいクラブがあるのに「（元の難しいクラブに）戻れなくなるから」と、あえてそれを避けるゴルファーの方をよく見かけます。それは、時代遅れです。男子プロでさえ、ユーティリティを使って楽にいいショットを打って、ゴルフを組み立てています。テクノロジーをうまく使い、時代に合ったクラブチェンジをしながら楽しくプレーを続けましょう。

まっすぐなフェースアングルでインパクトを迎えられるクラブを選ぶのが、勝ち組になるコツです。飛んで曲がらないことが追求された現代のクラブでは、インパクトで手首を返すフェースローテーションは必要ありません。素直にまっすぐ打つことが、現代のクラブを扱うコツです。

誰にでもある感性に耳を傾けて

「自分には感性なんてないから」と尻込みする方によくお会いします。そんなことはありません。たとえ月イチゴルファーでも、ビギナーでも、感性はしっかり持っているはず。探してみてください。第2章「飛ばしの感育」でじっくりお話ししますが、感性はいくつになっても、磨くことができるものです。

「わからないからどっちでもいい」などと投げやりなことをいっているようでは、上達もしないし、飛ぶようにもなりません。上達に必要な感性は、いくつになっても磨けますが、一方でその声に耳を傾けようとしなければ、どんどん鈍っていってしまうものだからです。

話をクラブ選びに戻しましょう。**最優先に考えるのは「振りやすさ」です。**ヘッド形状、重量、しなりなど、ヘッドとシャフトの様々なトータルバランスがマッチしないと、本当に振りやすいクラブには出会えません。測定してもらって、ある程度絞り込むことできます。でもそれ以前に、まずは気に入ったクラブを振ってみてください。気に入るというのは、構えたときのヘッド形状が好きなクラブのはずです。第一印象が「ビビビッ」とくるクラブ。いわゆる〝顔〟が好きかどうか。実はこれ、すごく大切なのです。

〝顔〟が気に入らないクラブは、構えたときにちゃんと当たる気がしないはずです。不安を抱えたまま打ってもいいショットは出ません。器用な人だと当たることもあるかもしれませんが、これではスイング中に調整してしまって、本来のスイングを失ってしまいがちです。自分をクラブに合わせてしまっているのです。クラブによってスイング改造をしたいなら別ですが、そうでなければこれは本末転倒でしょう。

〝顔〟が気に入らないのは、構えやスイングに合っていないから、という場合がほとんどです。まずは、〝顔〟が気に入るクラブを素振りしてみて、振りやすいものを選ぶのがいいでしょう。

目をつぶってクラブを振ってみてください。ヘッドの重さやシャフトのしなりなどはすぐに感じられるはずです。繰り返して振っていると、シャフトのキックポイント（先調子、中調子、手元調子）なども感じることができます。

自分の動きとクラブが合っているかどうかも、わかるようになります。シャフトが柔らかすぎる、硬すぎるなどの感覚は、たとえビギナーでも感じ取れるはずです。「見えないものが見えてくる」といい換えてもいいかもしれませんね。

クラブを選ぶことは、自分と向き合うことでもあります。どれだけいいスイングをしても、クラブがマッチしていなければいいショットは打てません。どうしたらもっと飛ばせるのか安定するのか、自分に合うクラブはどの組み合わせなのか。そうやって自分のゴルフに向き合っていくことが、上達への近道です。

人間の体は日々、アップデートされています。一定以上の年齢の大人なら、放っておけば筋肉は落ちていくし、鍛えれば筋肉のつき方が変わる。柔軟性も、可動域も同様です。同じ人間だからといっていつまでも同じはずはありません。現在の自分の体に向き合い、それに見合ったクラブを選ぶことができれば、飛距離アップにつながります。

順番を整理しましょう。まずクラブを手に取って構えてみる。前述のように〝顔〟＝ヘッド形状が気に入るかどうかで、ある程度選択肢が狭まります。

フェースの向きも重要です。ウッドの場合、必ずしもフェースがストレートとは限りません。ストレートなのか、フックフェースなのか、オープンフェースなのか、これを考慮します。スライスが出やすい人はフックフェースのヘッドを選ぶことで、ボールが右に出ることが減る。持ち球がスライスなのにオープンフェースを選んでしまうと、さらに右へボールが出ていってしまうことになります。

自分のヘッドスピードを知っておくと、この先の選択肢がだいぶ狭まります。ヘッドスピードに合ったシャフトのフレックスを選んだら、後は〝候補〟に上がったクラブの振り心地で〝自分の1本〟を選ぶのです。

クラブは、軽すぎると振りすぎてしまうし、重すぎると故障の原因になる。クラブが合わなかったためにケガをしてしまうこともあるほど、クラブ選びは大切なのです。

恋愛と同じで、「ビビッ！」ときたらそのチャンスを逃がさないことです。

「飛んで曲がらない」は作れる！

飛距離を出すのは、何も気持ちよくなるためだけではありません。ターゲットスポーツであるゴルフで、スコアメイクをするためのひとつの大きな要素が飛距離だということです。方向性があっての飛距離です。飛んで曲がらないことで初めて「飛ぶ」といえるのです。

ドラコンを専門にしているプロのショットをご覧になったことがあるでしょうか。飛ばしがアピールポイントなので「飛ぶだけで曲がるんじゃないか」という先入観を持つ人がいますが、それは大きな間違いです。

ちょっと考えればわかることですが、フェアウェイを捉えることができなければ、どんなに飛距離が出てもカウントされないのがドラコンです。つまり、フェアウェイという決まった幅に打てるのは、ドラコン選手の最低条件なのです。彼らのスイングは再現性が高く、飛んで曲がりません。

人間は機械ではない

僕がコーチをしている青木瀬令奈プロが飛距離を伸ばすためにシャフトを短くしたエピソードは、振り心地がいかに大切か、ということを証明しています。身長１５３センチと小柄で、ヘッドスピードもシード選手で唯一、40m/s未満。39m/sしかない青木選手は、長めの46インチシャフトのドライバーを最初使っていました。物理的に考えれば、シャフトは長いほど飛距離は出やすいからです。けれども、身長のわりに腕が長い青木選手が長いシャフトのクラブを振ると、スイングが詰まってしまっていることが僕には見て取れました。そこで、シャフトを1インチ短くすることを提案したのです。

理論的には、飛距離は出なくなるはずですが、人間は機械ではありません。シャフトを短くして振り心地がよくなり、クラブが収まりたい場所に収まるようになったことで、ヘッドスピードが上がった。その結果、飛距離が伸びたのです。もちろん、スイング改造もしましたが、それ以前に、まずクラブをアップデートした効果があったわけです。

47インチの〝物干し竿〟と呼ばれたドライバーを使っていたことで知られるのが、杉原《すぎはら》輝雄《てるお》プロです。身長162センチと、男子プロとしては小柄でしたが、こちらはクラブをしっかりと振れていました。長いシャフトの振り心地がいいスイングだったはずです。

こんな風に、数字や物理が、必ずしも正しいとはいえないのがゴルファーとクラブのマッチングです。様々なクラブを振ってみて感性を磨き、振り心地を最優先させてクラブを選んでください。

自分のセットの中に違和感のあるクラブがあればチェックしてみましょう。量産品ですから、アイアンセットの中に1本だけ、スペックが表示と違っているものが混じっているようなこともあるからです。1本だけ苦手なクラブがあるような場合です。ぜひ、計測してみてください。ライ角やバランスなどが、1本だけ合っていないかもしれません。ここでもまず、信じるのは自分の感性。これを忘れないようにしましょう。

③グリップは自由でOK!?

時代とともに変わるグリップの常識

グリップは、クラブと体の唯一の接点です。ボールと直接、コンタクトするのはクラブ。これをコントロールすることは、スイングの最も基礎になります。グリップには、クラブの通り道をガイドする役割があります。スイング軌道は、グリップ次第で大きく変わります。当然、球筋も変わってきます。

覚えていて欲しいのは、**クラブの進化とともにグリップの〝常識〟も変わってきているということ。**クラブの性能が変わってきたのに、グリップの〝常識〟は昔のままというのでは、おかしなことになってしまいます。

ヘッドが大きくてソールが厚く、慣性モーメントが大きいのが、現代のクラブ全般の特徴です。

ヘッドが大きいほどボールの直進性は大きくなり、球筋を意図的に操作することはしにくくなります。

「飛んで曲がらない」がうたい文句なので、フェースさえまっすぐにボールに当たれば、7割のショットは曲がらずに飛んでいきます。素直に、クラブを上げて下ろせばいいようにできています。やさしくシンプルにゴルフができることを追求した結果です。スイングの

クラブの進化とともにグリップもアップデート

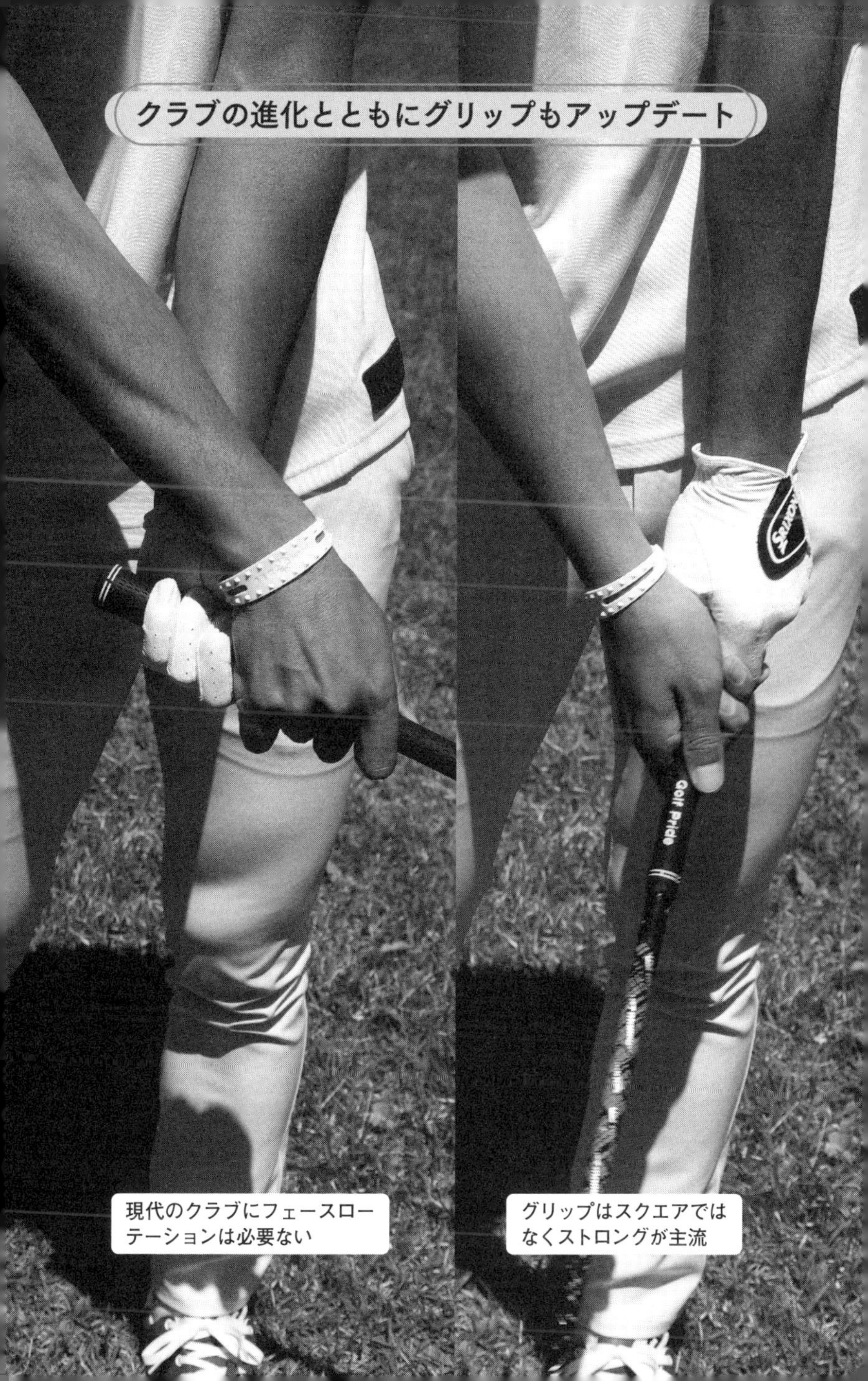

現代のクラブにフェースローテーションは必要ない

グリップはスクエアではなくストロングが主流

中でフェースの開閉動作（ローテーション）は必要ありません。

昔のクラブは今のクラブと比較すると、ヘッドは小さく、ソールも薄い。当時のゴルファーは「ゴルフはボールを曲げてプレーするもの」と考えていました。まっすぐに飛ばすのはとても難しくもあったのです。

だから、フェースローテーションをすることで、球筋をコントロールするのが当たり前だったのです。

その頃の基本は、左手甲と右手のひらを目標に向けるように握る、スクエアグリップでした。

けれども実はこのスクエアグリップ、フェースローテーションが必要ない現代のクラブには合わないのです。

現代のクラブにはストロンググリップ

現代のクラブに合うのは、ストロンググリップです。左手の小指側から巻き付けるようにクラブを握り、ナックルと呼ばれる指の付け根の関節が人差し指、中指、薬指の3本分、あるいは人差し指、中指の2本分、上から見えるくらいに握ります。左手につけたグローブのマジックテープの部分についたロゴマークが全部見えるくらいが理想です。右手のひらは、左手のひらと向きを合わせて握ります。

ここでひとつ気をつけて欲しいことがあります。アマチュアのみなさんの多くが、アドレスをするときのように、左手を伸ばし、クラブを地面に押し付けるようにしてグリップを作っています。これがよくないとはいいませんが、この方法には欠点があります。アドレスのポジションにある両手を、自分は上から見下ろすことになり、どうしても最後に右手を上から押さえつけるようになりがちだからです。

こうすると、せっかくストロングに握った左手を右手が押さえつけることでスクエアどころかウイークになってしまうことがあります。左手甲と右手のひらの向きが、最後に変わってしまう危険があるのです。

これを避けるために、グリップするときには体の正面でクラブを立てて力を抜く方法をお勧めします（38ページ写真左参照）。腕は自然に曲げた状態で構いません。これで左手からグリップを作っていけば、右手で押さえつけることもなく、ストロンググリップが保てます。プロは、グリップを確認するとき必ずといっていいほどこうしています。

繰り返します。現代のグリップの基本はストロング。知識、いえゴルフの〝常識〟のアップデートはできたでしょうか

次に意識するのは、握る力加減（グリッププレッシャー）です。**力を入れるのは、左の小指、薬指、中指、右の小指と薬指、それだけです。**親指と人差し指は、左右どちらも強く握らないようにしましょう。

僕は、機会がある度に、ツアーで戦うプロたちに自分の指を出して握ってもらい、それぞれのグリッププレッシャーを教えてもらっています。そうすると、びっくりするくらい多くのプロが「クラブがすっぽ抜けない程度の力加減」で握っていることがよくわかります。

対照的に、アマチュア、特にキャリアが長

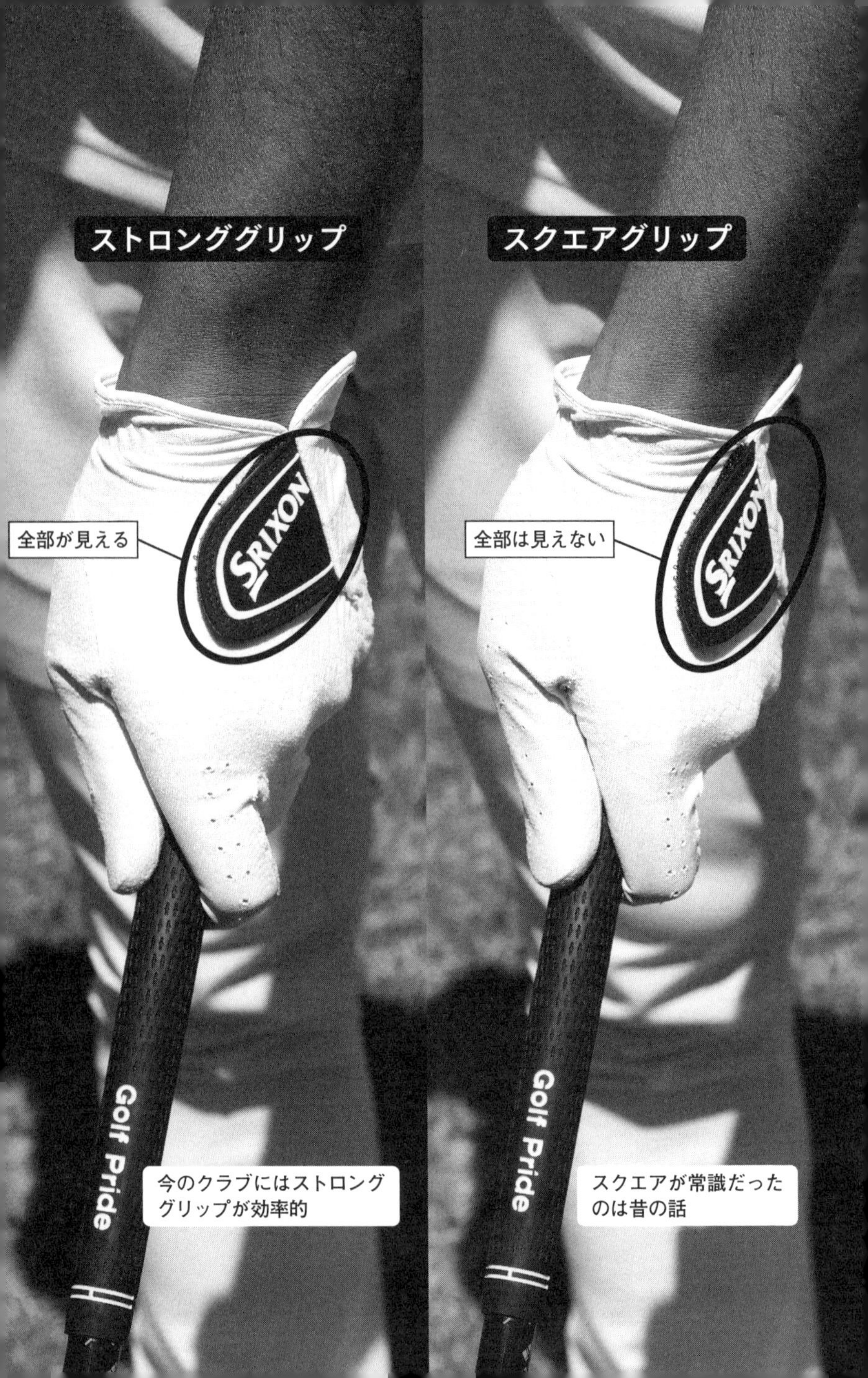
ストロンググリップ
全部が見える
SRIXON
Golf Pride
今のクラブにはストロング
グリップが効率的
スクエアグリップ
全部は見えない
SRIXON
Golf Pride
スクエアが常識だった
のは昔の話

いゴルファーほど全体をギュッと強く握りがちです。これでは、クラブの動きを制限してしまっているようなもの。クラブはいい仕事ができません。

左の小指、薬指、中指、右の小指、薬指以外は力を入れないこと。全体としては、手の中に小鳥やハムスターを包み込んでも逃げ出さず、それでいて苦しまない程度の力加減を意識しましょう。

特に右手は、**「トップでクラブが親指に乗るだけ」くらいのイメージで。余計な力を抜いて振るのが飛ばしのコツです。**

ただし、きちんと締めなくてはいけない部分があります。両手の親指と人差し指ですが、それぞれ2本の付け根はぴったりと締めること。ここが開いているプロは「賞金が稼げない」といわれるほど大切な部分なので、よく覚えておきましょう。やってみるとわかりますが、ここを締めることで、指でクラブを握る感覚が強くなり、グリップのすき間がなくなり、スイング中に緩むことがなくなります。びっくりするほどいいショットが増えるはずです。

付け根はしっかりとくっつけつつも、右の親指、人差し指に力が入るのはNG。上から押さえつけるようになって余計な力が入ります。スムーズな体の動きを制限することになりがちなので、注意してください。

どうしても軽く握るのが難しい、力が入ってしまうという人は、こんな方法を試してみてください。5秒間、両手で思い切り強くクラブを握ってみてください。それからもう一度握り直すと、力がいい具合に抜けるはずです。

一度思いっ切り強く握ってみよう

その後は自然に力を抜けるはず

基本さえ押さえればグリップは自由

さて、右手と左手の関係については、手のひらの向きを同じにすることしかお話ししていませんでしたが、人によって様々な形で握っています。指を絡めることなく握るベースボール（テンフィンガー）、左人差し指と中指の間に右小指を挟み込むように握るオーバーラッピング、左人差し指と右小指を絡めるように握るインターロッキングが一般的ですが、**どうしてもこのどれかでなければいけないということではありません。**

　これまでにお話しした基本を守り、クラブをうまく自分の体の一部として使えるグリップなら、どんな形で握ってもいいのです。左右の手が〝one team〟になってシンクロできるグリップを見つけるのがコツです。色々試して、自分に合うものなら、どれも正解というわけです。

青木瀬令奈プロもオリジナルの〝セレナグリップ〟で握っています。手の小さい子供の頃に編み出したオリジナルのグリップは、オーバーラッピングからインターロッキングのようにロックします。左中指と人差し指の間に、右小指が入ってロックする、いわば〝オーバーロッキンググリップ〟。現在もこのグリップのまま、ツアーでプレーしています。

自分の体の一部ともいうべきクラブとの唯一の接点であるグリップ次第で、クラブと一緒に頑張れるかどうかが決まります。**クラブを有効な武器として味方につけられるかどうかは、グリップにかかっているのです。**

グリップのどこの部分を握るかについては、次のことを頭に入れておいていただければ判断しやすいと思います。クラブの重心はヘッド寄りにあるので、**多少なりとも短く持ったほうがいうことをきいてくれます。**グリップエンドを余らせて短く持つほど、カウンターバランスが働いて、操作性が出るからです。プレッシャーがかかったときほど、短く持つとミスが少なくなるというわけです。実際に青木プロも試合中ボールにうまく当たらなくなったとき、グリップを短く持つだけでスイングを変えなくても当たりやすくなります。

理想と現実が違うのはよくあることです。スイングの再現性が高いプロでもそうなのですから、アマチュアならなおのことです。

鏡に正対して見る。写真に撮ってみる。動画を撮影してみる。自分のグリップの現状を把握し、常に修正することがとても大切です。

④アドレスは結果に直結する!?

ショットはアドレスで8割決まる

飛ばしへの準備がだんだん整ってきました。次は、いよいよアドレスです。

どんなスポーツでも一流のアスリートは所作が美しいです。所作が美しい=構えが整っていること。いいパフォーマンスをするためには、整った構えは必須といっていいでしょう。ゴルフにおいて「ショットはアドレスで8割決まる」といわれるのはそのためです。

最初に考えるのは、ボールときちんと向き合うことです。わかりやすい基本姿勢は**「キリンの首とどっしりとした下半身」**。どうです? イメージできましたか?

キリンのように長い首のイメージで構えれば、肩の力は自然に抜けるはず。ゴルフに限らず、人間は上半身に力が入り、頭に血が上っていいことはありません。肺が圧迫されて呼吸が浅くなり、血圧も上がってしまうからです。これではいいパフォーマンスはできません。ゴルフに大切なメンタルにも大きく影響します。**上半身の力を抜くことで「心の重心が下がる」と、僕は考えています。**

いいゴルファーは深い呼吸をしています。深い呼吸ができていれば、プレッシャーのかかる場面でもいつものショットが打てます。

アドレスでは、東洋医学で**臍下《せいか》丹田《たんでん》と呼ばれるヘソ下三寸（約9センチ）を常に意識してください。**臍下丹田は、呼吸をするときにも、上半身と下半身のジョイント部分としても大切なポイントです。

10本の足指で地面をつかむイメージ

地面と唯一、接している**足の裏をまず意識しましょう。**シューズの中の10本の指で大地をつかむくらいのイメージです。5本指ソックスもお勧めです。足と地面の間にすき間を作らないように、土踏まずにぴったりと合ったシューズかインソールを入れるのもいいですね。拇指球《ぼしきゅう》と土踏まずを中心に、足裏全体で地面を踏みしめる。人に押されても動かないくらい。大地に根を生やしたような構えが理想です。ポイントはお尻とハムストリングスに力感を持つことです。ここが抜けてしまうとどっしり構えることができません。

下半身がどっしりとすることで、ヒザは柔らかくなり、上半身からも余計な力が抜けます。全体のバランスがよくなり、スイングしやすくなります。

背骨は曲がりすぎず、反りすぎない

次はボールと自分の体との距離です。姿勢についてよく考えてください。力むとスムーズな動きにストップをかけてしまうので、上半身は脱力した状態が理想です。背骨が曲がりすぎて猫背になっても、反りすぎてしまっても、途中でそれを戻すような動きが入るため、スイング軸がブレやすくなります。特に

10本の指で地面をつかむようにアドレス

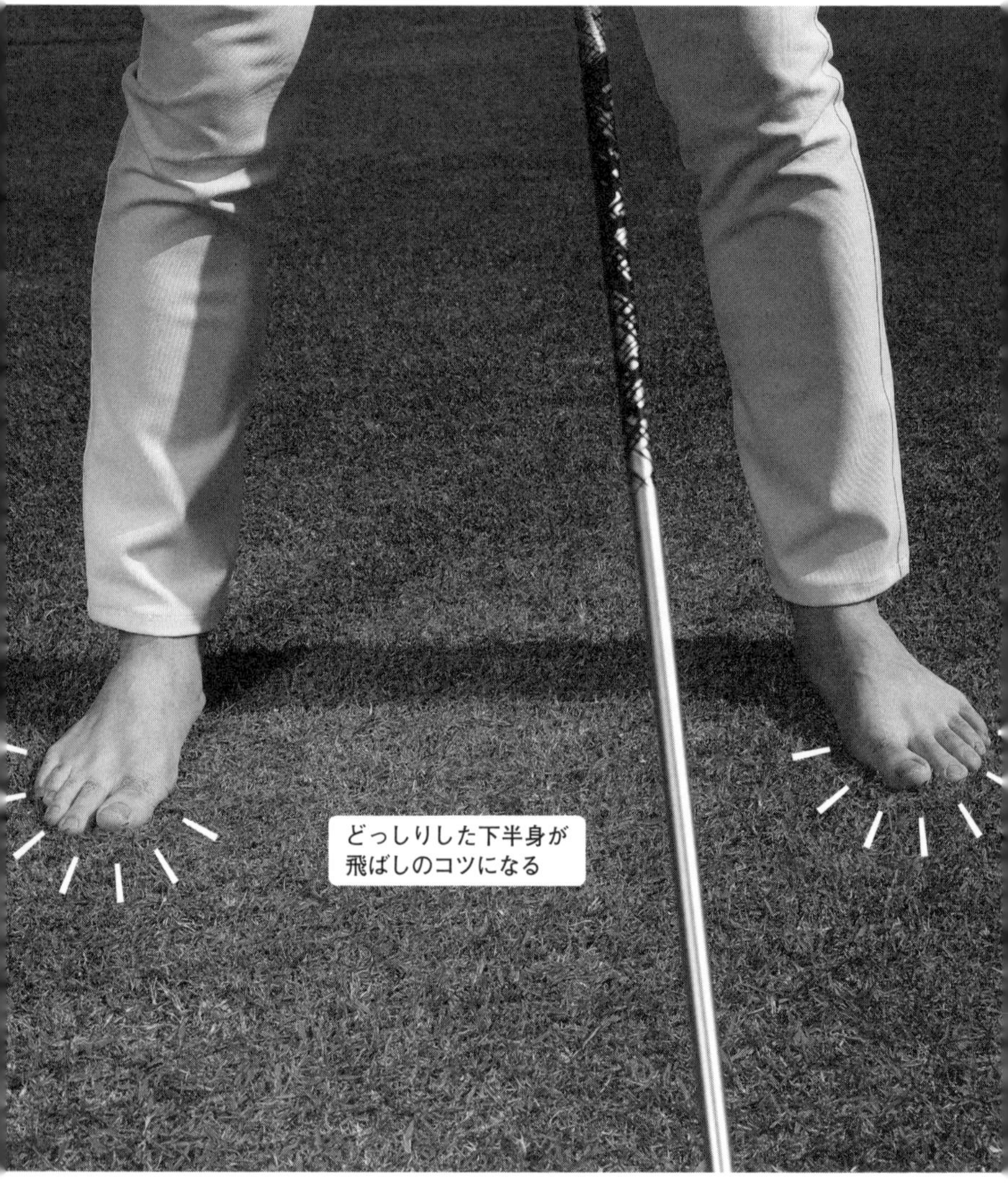

▶キリンの首とどっしりした下半身

▶足の付け根を折り曲げるように前傾

▶猫背にならず脱力した上体

▶反りすぎた背骨もNG

反りすぎると腰を痛めることもあります。ケガをすると効率が悪くなり、結果的に飛距離は落ちてしまいます。

上半身がうまく脱力できたら、足の付け根を折り曲げるようにして前傾することで、ボールに対してピンポイントで構えられます。

アゴの真下に手元がくるようにして、体との間隔は体型にもよりますがこぶし2〜3個程度。近すぎるとスイングが窮屈になります。

ヒジは横に張らず、脇を軽く締めるようにすると回転がしやすくなり、プレッシャーがかかったときでも曲がりません。この状態で、クラブヘッドを自然に置いて構えます。アドレスのところで書いたように、ここでも決してクラブを上から押し付けることのないようにしましょう。

ボールの位置は、クラブが長いほど左。最も長いドライバーで、左足カカトの延長線上。一番短いウエッジだと体の中心で、クラブの長さによってその間を調整します。

頭とボールは常に正対している

もうひとつ、大切なのは、**頭とボールは常に正対していること。**クラブによって長さが違うため調整が必要です。アドレスした状態を正面から見て、そこに仮想の時計盤を置くと、アイアンならばボールが6時で頭は12時の位置。ドライバーならボールが5時で頭が11時になります。

スタンスはドライバーのときの肩幅が最大です。それ以上に足を広げてしまうと、足が使えなくなります。人間の体で一番大きな筋肉があるのは下半身です。これを上手に使うためにも、肩幅からクラブの長さに合わせて少しずつ狭めるくらいがいいでしょう。

両足のつま先を気持ち開きます。体の捻転差をできるだけ大きくしたいからです。股関節が硬い人ほど、つま先を広げることで捻転をしやすくなります。

自信を引き寄せるアドレスをしよう

ビジネスでもデートでも、とても大切なのが雰囲気作り。これさえうまくいけば成功確率はグンと上がります。ゴルフも同じ。理にかなっているだけでなく、自信を持ったアドレスが大切です。不安があると上体に力が入り、いいアドレスも台なしになります。引き寄せるアドレスで最高の結果を手に入れましょう。

▶アイアンならボールは6時で頭は12時

▶ドライバーならボールが5時で頭は11時

青木瀬令奈プロ
初心に戻り、効率のいいスイングで2勝目

　僕がコーチ、キャディを務める青木瀬令奈プロが、2021年宮里《みやざと》藍《あい》サントリーレディスで4年ぶりのツアー2勝目を飾りました。

　実は今回優勝することができたのは、初心に返ったからでした。2015年に僕がコーチをするようになって取り組んだのは、「タテからアッパー」「アッパーだけどレベル」というキーワードでの練習でした。これで飛距離を40ヤード伸ばし、2017年ヨネックスレディスで初優勝することができました。48～49ページにもあるように、シャフトをタテに使って、体の正面でボールを捉えることで効率的なスイングをする、という意味です。

　日本の女子ツアーの1シーズンは丸々9か月。ほとんど試合を休まない青木プロは、その中で体調を見ながら、様々なコースでプレーを続けています。練習ラウンドやプロアマもあるので、3日間大会なら最低でも週4ラウンド。4日間大会なら週に5ラウンド、時には6ラウンドすることもあります。

　疲労やどこかの痛み、天候などによって、少しずつショットに狂いが出てくるのは、決して珍しいことではありません。

　青木プロの場合も2017年に初優勝したときにはできていたことが、他のことを追い求めて変化を続けているうちに、いつの間に

初心に返って４年ぶりにうれしい２勝目。そこにはしっかりした理由があった

かおろそかになっていたのです。それを改めて考え直したのは、優勝した前の週のことでした。

優勝経験のある試合とあって、気合を入れて臨んだヨネックスレディスですが、残念ながら結果は予選落ちでした。ぽっかりと空いてしまった日曜日に練習をしながらコーチの僕と話しているうちに決めたのが「初心に返ろう」ということ。飛距離を求めて始めたときのように、一からやり直してみようということだったのです。

ゴルフにおいて、クラブが常に体の正面にあることは必要不可欠です。特に、ビジネスゾーンと呼ばれる時計の針が3時から9時の間では、グリップエンドはしっかりとお腹を向いていなければなりません。

アマチュアの方に多いのですが、手元が体より先に下りてきてしまい、体の左側にグリップエンドがくる状態でインパクトを迎えるとフェイスが開いてしまってボールは右に出る。距離も出ない効率の悪いスイングになります。シャフトが寝てしまうと、グリップエンドは体の正面から外れてしまいます。だから、シャフトの使い方はあくまでもタテ。そしてインパクトは最下点の直後、アッパーブローが理想なのです。

青木プロは改めてこの基本にフォーカスしました。サントリーレディス会場の六甲国際GC入りしてからもこれを続けると、練習日から飛距離は伸びていきました。絶好調のシーズンを送っている稲見《いなみ》萌《も》寧《ね》プロとの優勝争いでしたが、飛んでいるときには稲見プロに比べても遜《そん》色《しょく》がないほどでした。

飛距離が戻るどころか、これまでにないほ

ど伸びたことで、4日間72ホールの長丁場を安定したプレーをすることができたのが、勝因といっていいでしょう。

「アッパーだけどレベル」を説明すると、軌道としてはスイングの最下点より後でインパクトを迎えるアッパーブローだけれども、フェースはまだレベルにある、という意味を持っています。

青木プロが他に気をつけているのは、腰の位置（ハーフウェイバック）でシャフトを地面と平行にすること。これは第4章①でみなさんにお伝えしています。

右ヒザが右にスウェーしないようにして、左ヒザを動かすことで脚の出力を増やしています。小柄な青木プロのこの作戦は、体幹や体力に自信のない方にお勧めです。足踏みをするようにスイングすることで出力が簡単に上がるからです。トップではシャフトと地面が平行になるように体を捻転させます。

ダウンスイングは、左足リードで地面を蹴る準備を整え、インパクトでは左足は伸び切っています。それでいて前傾角度はキープしています。

そのまま、シャフトが背中につくまで体を回し切ってフィニッシュ。思い切りのいいスイングは、飛んで曲がらないということを証明しているのが、青木プロのスイングです。

アマチュアのみなさんにも大いに参考になる青木プロのスイングは、効率のよさを求めたものです。

小柄でヘッドスピードがそれほどでもなくとも飛距離は求められる。そのお手本を一度見てください。

COLUMN

クセを生かしている世界のプレーヤーを見て、持論を深めた

リンクスという知らない世界を知り、人生が豊かになった

第2章

飛ばしの感育

①感性育成の必要性

感性のない人などいない

「感育」。みなさんはこの言葉になじみがありますか？
「感性」を、改めて広辞苑を引いてみましょう。「①外界の刺激に応じて感覚・知覚を生ずる感覚器官の感受性。②感覚によってよび起こされ、それに支配される体験内容。従って、感覚に伴う感情や衝動・欲望をも含む。（以下略）」とあります。**これを育てることが「感育」です。**

　飛んでくるボールや、相手の動きに合わせて反応する反射神経ではなく、周囲の状況や自分自身の肉体や内面など、様々なことを感じ取り、自分の体に伝えて自ら球を打つゴルフ。ゴルフを初めて経験したときに「止まっているボールを打つのがこんなに難しいのか」と思った方は少なくないと思います。きたものに対して合わせるのではなく、自分で始動しなければならないからです。

　感じたことを脳が瞬時に分析、判断し、動くべき部位に指示。その指示に対して、肉体がパフォーマンスする一連の流れが、1打1打すべてで行われているのですから、ゴルフは特にこの感育が大切なスポーツだといえるでしょう。感育を意識することによって、脳

は活性化します。感性は先天的なものだけではありません。先天的な要素もありますが、育成できる部分も少なくないのです。

日常生活で磨かれる感性

日常でも感性は自然に育成できています。物事を効率的に行おうと脳が指示を出し、体がそれに応じて動く。文字にすると特別なことのようですが、ごく当たり前に私たちは行っています。

例えば、朝起きて、顔を洗って歯を磨き、着替える。習慣化していると意識しないと思いますが、これもすべて脳が指示を出し、それに従って動いているのです。

自宅ではなく、ホテルに泊まっている非日常を考えてみてください。起きたらまず、自分のいる場所を自覚し、慣れないスリッパを履き、洗面所では水はどうやったら出るのか。ユニットバスなら水の温度、水圧などを確認。タオルのある場所、置く場所……。すべて脳から指示が出ています。

料理はどうでしょう。メニューを決めて材料をそろえて準備をし、味付けして料理する。盛り付けてテーブルに並べる。すでに自宅にある材料を基に考えることもあれば、メニューを決めてから買い物に行くこともある。調理も、時間のかかるもの、作り置きできるもの、出来たてがおいしいものをそれぞれジャッジ。複数の作業を並行しながら全体を整える。

タイムテーブルに書き起こしたらとんでもない工程ですが、多くの人はごく普通に行っています。時には子供の面倒を見ながら。日常を円滑にするために、我々は常にマルチタスクを行っているのです。

ルーティンワークではなく、新しい仕事や相手が違う場合などで頭を使うときは、ハッキリと意識して考えてから行動します。こうすることでより感性は育成されます。

あきらめず、子供のように感育する

けれども、脳が効率的な指示を出すことや、これに応えることを怠ると、感性は鈍ってしまいます。あきらめたり、なあなあな気持ちで動くと、感性は育たず、鈍るのです。

そうならないためには「感性を育成する」という意識を常に頭の片隅に置いておくことです。

成長していく子供は、常に感育を行っています。淹れたてのお茶を触ったら熱いこと、転んだら痛いことなど、トライ＆エラーを積み重ねています。

成功体験はもちろん、失敗体験も人間には必要です。自ら経験して身につけた感覚は、脳にしっかりと刻み付けられ、次にやるべきことが見えてくる。

大人が先回りして「熱いから」「危ないから」と、過保護に育てると、子供は失敗も成功も自分で体験できないまま大きくなります。感性が育成されないままだとわからないからです。

勝つか負けるか、ではなく勝つか学ぶか

ゴルフ上達のコツ、飛距離アップのコツは日常にいくらでも潜んでいます。

脳は変化によって進化し、活性化します。年齢を問わず、それを繰り返すことができれば、活性化し続け、それまで使っていなかった脳の部分を使えるようになることもあるといいます。

「年を取ったから」と変化を嫌い、新しいことを受け入れないのは、進化に背を向けてしまうことです。

変わらないことも大切ですが、加齢そのものを受け入れつつ、変わらないでいるための努力をしたり、変わったことを受け入れる。これが大切です。

同じように年齢を重ねても、柔軟な気持ちで変化に対応している人は若々しい気持ちを持ち続けているし、頭が固くなり、過去の成功体験や失敗体験にこだわりすぎている人は老けて見える。決して「年だから」ではなく、感育をしているかどうかの違いが表に出ているのです。

ゴルフに限ったことではありませんが、スポーツには勝ち負けがついて回ります。

でもこれを、**「勝つか負けるか」ではなく「勝つか学ぶか」だと考えてみましょう。**

「負けて悔しい」で終わってしまうのではなく、負けた原因を追求し、学習する。文字通り、敗北を糧とするのです。負けグセはつくと大変ですが、敗北は学びと考えると、最高の経験を積んでいることになります。

プロゴルファーでも、何度も優勝争いをして、2位が何度もあって初優勝まで時間のかかる人がいます。

でも、大きな壁を乗り越えて初優勝をすると、そこから一気にブレイクする。まさに、勝つか学ぶか、を実践しているからだといえるでしょう。

　敗北を悔しがるだけでなく、その経験から多くのことを学び、次につなげる。それを続けているからこそ、優勝という大きな成功体験を積んだときに一気に飛躍できるのです。

　経験から学習しない人、あきらめたり投げ出したりしてしまう人は、感性を育成できません。こういう人は、危機管理能力がなく、正しいジャッジができません。だから同じ失敗を何度もしてしまいます。

　ゴルフの成功も、人生の成功も、この感育にかかっています。活躍しているプロゴルファーはみな、技術はもちろんですが、この感育の能力が高い人たちです。

　筋力は年齢とともに衰えますが、それを理解しながら微調整していくのも感育です。

　若い頃の自分の肉体を追い求めるのではなく、今の自分を知り、そこから何ができるかを考える。

　クラブを替える、打ち方を変える。思い切って違うティからプレーしてみる。若い頃の自分を追い求めるアンチエイジングは、別れた恋人に未練を残すようなもの。そうではなく、新たな道を探るウィズエイジングこそ、賢明な感育のポイントです。

　自のスイング動画を見てガッカリしても、そこで立ち止まらず、その現実を受け入れるところから始めてください。

　自分がどんな風に見えるのかわからずにいる〝裸の王様〟は、恥ずかしいものです。まるで昔の恋人のような昔の自分にはきっぱりと別れを告げて、目の前の現実と向き合いましょう。

　ゴルフも人生もジャッジの連続。がっかり

するようなスイングも、若い頃より衰えた肉体も、合わなくなったクラブも、ジャッジするための材料なのです。それを感じ取る能力を磨き、正しいジャッジを下すことで、アップデートした自分に合ったスイングができるようになります。飛距離アップはそこから生まれます。

クラブを握っているときだけでなく、日常生活からできる「感育」を心がけることで、飛距離アップを目指しましょう。年齢をいい訳にするのはやめにして。

多くの人に会ったり、常に新しいチャレンジをしている人が若々しく見えるのはなぜでしょうか。感育を磨き続けているからだと考えると、納得できるはずです。

▶常に感育を意識することでゴルフがいい方向に向かう

②いくつになってもできる感育

やればやるほどうまくなるとは限らないゴルフ

　ツアーで活躍しているプロゴルファーの中に「実は運動は苦手でした」「運動神経がよくないんです」という人がいます。逆に、反射神経がすごくいいのに、ゴルフとなるとうまくいかない、という人もいます。ゴルフは反射神経ではなく、脳からの指示を伝えることが必要なスポーツだからです。

　多くのスポーツは、やればやるほどうまくなります。けれども、ゴルフは必ずしもそうではない。練習を重ねてひとつひとつのショットは上達しても、すぐにスコアアップにつながるとは限らないのです。そこが魅力であり、難しいところでもあります。

　なぜでしょう。ひとつとして同じゴルフ場はありません。同じコースでプレーしても、天候やコースコンディションなどの条件もいつも違っています。ゴルファーの心身の状態、一緒にプレーしている人、そこまでのスコア、前の組と詰まっているのか開いているのかなどのプレーのペース……。すべての条件が同じことなど、まずないからです。

　そんな中でも、ゴルファーは経験を積み重ね学習していきます。ライによってどんな球

が出るか、アゲンストのとき、フォローのとき、雨のとき、寒いとき、暑いとき……。その成功体験を、その後に生かしていくのです。同時に、失敗体験も重ねていきます。これを次の成功に結びつけることもあれば、失敗体験が次の失敗を誘発することもあります。毎回違うプレーの条件と成功と失敗の体験を、味方につけることができるのかどうかが、成功への分かれ道です。やればやるほどうまくいくわけではないのはそのためです。

感育ドリル

感育は、現在、できていることをさらに効率よいほうに持っていくための努力と、いい換えることもできます。そう考えると、やるべきことが見えてくるのではないでしょうか。

感育の方法はいくらでもあります。ご参考までに、いくつかの感育ドリルをご紹介しておきます。簡単なものなので、ぜひやってみてください。1度や2度ではなく、継続してやってみると、面白いように色々なことが変わってくるはずです。

目をつぶって素振りをして、クラブの感覚を感じる、というのはクラブ選びのときにご紹介しましたね。

目をつぶって静かに集中して振ることを繰り返しているうちに、ヘッドが感じられるようになり、シャフトのキックポイントがわかるくらいにはなるものです。

気付かないうちにクラブが合わなくなって、振り遅れるようになっていたり、逆にシャフトが柔らかすぎるなどの気付きがあることもあります。この素振りはお勧めですよ。

▶目をつぶって素振りを繰り返すことでも感育は磨かれる

両手ジャンケン、をしてみてください。

様々なルールでやるといいのですが、最初は「右手が必ず勝つ」などという簡単なものから。同じものを続けて出すのはNGというルールです。やってみるとわかりますが、これがなかなか難しい。混乱してしまうのです。

少し慣れてきたら、今度は「左手が必ず勝つ」というルールに変更してみてください。一気にハードルを上げるなら「①右手が勝つ②左手が勝つ」というのはどうでしょう。もちろん、右手がグー、左手がチョキ、次は左手がグー、右手がチョキ、などと同じパターンを繰り返すのはNGにしてです。ご想像通り、ものすごく混乱します。油断していると、合っているのか合っていないのかわからなくなってしまい笑ってしまうほどです。

さらに難しいものをやってみましょう。何

▶やってみると難しい両手ジャンケン

▶右手が勝ち続けたり左手が勝ち続けようなら条件を変えてみる

か歌を歌いながら両手ジャンケンをするのです。全く関係のない歌を口ずさみながら、一人で両手ジャンケン。これを繰り返していれば、脳は確実に活性化します。

左手は上下運動（二拍子）し、右手は三角形を描く（三拍子）といった、左右違う動きをしながら、歌を歌うというのもお勧めです。二拍子（あるいは四拍子）の曲でも、三拍子の曲でも、どちらかひとつは曲とは違うリズムで動いていることになります。

左右の手足という４つが、それぞれ違う動きをしているドラマーの方などは、いつも感育をしているようなものなのかもしれません。ピアノを弾くのも同様の理由で立派な感育になります。

一人でもできますが、２人１組でやると面白いのが、物当てです。テーブルに座って目

▶何度も繰り返すと脳の活性化につながる。歌を口ずさみながらもＯＫ

隠しをし、相手が置いたものを触っただけで当てる……。テレビ番組などではよく、箱の中に入れて手を突っ込んでやっていますが、あそこまで凝ったことをしなくても、目隠しさえきちんとできていれば、そのまま触るだけで十分。触る前からの想像力、触る直前に躊躇《ちゅうちょ》するような気持ち、おっかなびっくり触ったときの驚きや思考……。すべてが感育になります。

大人の脳トレにもなる感育ドリル

ここまで読んで気が付いた方も多いでしょう。そうです。これ、物忘れや認知症を防ぐ、いわゆる大人の脳トレ的なものとほぼ同じですね。脳トレ、つまり脳の活性化は感育につながるのです。

感育は、いくつになってもできるとお話ししました。裏を返せば、これは感育をすることでいくつになっても脳は活性化させることができる、ということでもあるのです。

飛距離アップのための本で感育について長々と語っているのはそのためです。

「年を取ったから飛ばない」ではなく、「感育することで年齢を重ねた条件の中でも飛ばす方法を身につけましょう」ということなのです。

情報をアップデートし、常に脳を活性化させる。意識して感育を続けることで、確実に感性は変わってきます。

あきらめることなく、少しずつでも学習することで、感性も自信も積み上げられていくのです。

成田美寿々
基本のアドレスを体現する飛ばし

素晴らしい土台の理由

　ツアー通算13勝の成田《なりた》美《み》寿《す》々《ず》プロは、小気味のいいプレーぶりで、ツアー屈指の人気を誇っています。

　そのスイングを見ると、まず目につくのが土台のしっかりとしたアドレスです。本書第1章でお話ししたのを、そのまま体現してくれているようです。シューズ越しにも、両足の10本の指で、地面をわしづかみにしているのが見えるようです。

　それでいて、上半身に余計な力は入っておらず、まさに「キリンの首にどっしりした下半身」が、成田プロのプレーを支える根幹です。

　この下半身があるからこそできるのが〝タテ振り〟です。本書第4章でお話しするように、歩く動作に似た動きを見せてくれます。股関節からタテ方向に伸びる下半身と、柔らかく曲がって沈むような動きをする左ヒザ。パワーがたまる左右の引っ張り合いといっていいでしょう。

きれいに飛球線方向を向く背中

　前述の下半身があるからこそできるのが、十分に捻転したトップ・オブ・スイングです。

成田プロのトップは第4章で述べている「背中を飛球線方向に向けていく」というお手本です。

下半身がどっしりし、肩がきれいに回転しているからこそできるトップですが、体幹が強くなければこうはいきません。この捻転から飛距離が生み出されるのです。

フェースローテーションを全くしない成田プロは、始動からインパクトまできれいな一軸スイングです。

手首の返しが必要ない現代のクラブにぴったりと合った動きで、飛んで曲がらないショットを実現しています。

目標を早めに見る

成田プロほどのフィジカルがなくても、すぐにみなさんがマネできるポイントが、視線です。ダウンスイングを始めるとともに、顔が目標方向を向くのです。

ルックアップを嫌がりすぎて目標を見ないでスイングすると、逆に頭が左に動いてしまうことも少なくありません。これではインパクトで体が突っ込んでしまい、ミスショットにつながります。

頭を上下させるのはNGですが、成田プロのように早めに目標を見ることで、ミスを防ぐことができます。

両腕とクラブが一直線のフォロー

もうひとつ、成田プロのスイングで素晴らしいのが、フォロースルーで両腕が伸び切ってクラブと一直線になっているところ。

ボールとコンタクトするクラブを、体の一部のように使うというお話をしましたが、成田プロのフォローは、まさにこれです。

体の一部であるクラブが、インパクトで最大限のエネルギーをボールへ与えたからこそ、このフォロースルーが生まれます。

クラブを打つのは手ではなくクラブヘッドです。「ヘッドを振る」というイメージを描きながら振ると振り遅れがなくなります。フォローでヒジが曲がってフェースが開くこともなくなり、右へ出るボールが減るというわけです。

最後まで振り抜く理想のフィニッシュ

インパクトで大きなエネルギーを伝えたスイングは、決してそこで止まることはありません。

成田プロのスイングは、フィニッシュで背中にシャフトが当たるほどきれいな回転をして終わります。

インパクト後、いきなり力の抜けてしまうスイングの方は、インパクトでパワーをロスしている可能性大です。

体が許す限りエネルギーの〝余韻〟を残すフィニッシュを目指すことで、エネルギーの無駄遣いが防げます。

アマチュアゴルファーのお手本がたっぷり詰まった成田プロのスイング。フィジカルでは遠く及ばなくとも、すぐにマネできるポイントを整理しましょう。

①「キリンの首にどっしりした下半身」アドレス。②ダウンスイングを始めるときに顔が目標方向を向く。③インパクトで止まらないスイング。

マネできることは取り入れてみてください。

第3章

飛ばしのスイング作り1
〜基礎知識〜

①飛ばしの要素を知ろう

飛距離は初速、バックスピン量、打ち出し角度の3つで決まる

準備が整ったので、いよいよスイングそのものの話に入ります。まずは飛ばしについての基礎知識を頭に入れてください。

ドライバー飛ばしの3大要素は①初速(Ball speed) ②バックスピン量 (Spin Rate) ③打ち出し角度 (Launch Angle) です。もう少し詳しくご説明すると、①はインパクト直後のボールの速度で、初速は速いほど飛距離は出ます。ただ、インパクトがトゥ側やヒール側にズレるとスピードは落ちる。つまり初速を生かせなくなるわけです。

②は、インパクト直後のボールの回転量です。これが増えすぎると飛距離は落ちます。

③はインパクト直後に飛び出したボールの地面に対する角度のこと。高すぎても低すぎても距離をロスすることになります。①②③とも、インパクトロフトといわれるフェースの角度にも左右されます。

ヘッドスピード、ミート率、アタックアングルで効率よく飛ばす

3大要素については計測してもらうのが一

飛ばしに必要なものを理解する

番ですが、より効率のいいものにするためには、「ヘッドスピードを上げる」「ミート率を上げる」「最適なアタックアングル（入射角）でインパクトを迎える」ということを考えるのがいいでしょう。

ヘッドスピードは、もちろん速いに越したことはありません。「クラブを合ったものにする」「体の使い方を工夫する」など色々な方法がありますが、筋肉のつき方や身長、腕の長さなどによるところも大きく、一定以上のスピードにするのはなかなか難しい場合があるのも事実です。

いかに効率よくボールをヒットできているかを表すのがミート率です。（ボール初速÷ヘッドスピード）という公式の答えがミート率になります。数値が高いほど、効率がいいことを意味します。一般的なゴルファーの平均は1・3を少し上回るくらい。これがトッププロになると平均1・5程度になります。女子プロが、男性アマチュアよりもヘッドスピードが遅くとも飛距離が出るのは、このミート率が高いからです。

インパクトの衝撃エネルギーを最も効率よく使えるのは、クラブの芯でボールをヒットしたときです。最近のクラブは、芯周辺でクラブのブレが少ない部分＝スイートスポットが広くなり、よりミート率を上げられるようになりました。

フェースのどこでボールを打っているかはっきりとわかるインパクトマーカーを使って確認してみましょう。

当たる場所が毎回バラバラな人は、スイングの再現性が低い証拠。スイングの再現性が高く、常にフェースのスイートスポットで打つことができれば、それだけ初速は上がる。ミート率が高くなるのです。

アタックポイント（入射角）は、インパクトでヘッドがどの角度でボールに入ってきたかを示すもの。スイングの最下点でボールに当たればレベルブロー、最下点の手前で当たればダウンブロー、最下点を過ぎてから当たればアッパーブローとなります。

ミート率を上げて 飛距離を伸ばした青木瀬令奈プロ

ヘッドスピードを上げるのではなく、ミート率を上げることで青木瀬令奈プロは飛距離アップに成功しました。

このときの合言葉が「アッパーだけどレベル」だったことは、前のコラムで述べた通りです。

ダウンブロー、アッパーブローというのは、あくまでもスイング軌道のお話です。軌道はアッパーに転じたけれど、フェース面はまだレベルを保っている状態を「アッパーだけどレベル」といういい方をしたのです。これを会得してミート率が上がったため、ヘッドスピードは変わらないのに飛距離が伸びました。

少し話が細かくなりすぎてしまったでしょうか。簡単にいうと、常に同じようにスイングし、最も効率のよいインパクトを迎えるのが一番、ということになります。

そのための基本中の基本が、**前傾角度をアドレスからずっと変えないでスイングするということです。**頭が上下することなく、アドレスと同じ状態に戻ってインパクトを迎える。

そのためには、アドレスが大切……というわけで、第1章でアドレスについて延々とご説明したわけです。

右ヒジを曲げたアドレスで出力アップ

「再現性の高いスイングのためには、背骨が大切」という話をしました。ここでもうひとつポイントを追加しましょう。**右ヒジはなるべく下に向けて曲げるようにすることです。**

右腕は、スイングの中で「出力」を担当します。曲がっていたヒジがインパクトで伸びるときにプラスアルファの力が加わります。最初から伸び切っていたらそうはいきません。

クラブを1本、左わきの下に挟み、反対側のシャフトを右ヒジの上に乗せてアドレスしてみてください。これが右ヒジに伸びしろがある正しいアドレスです。右わきにヘッドカバーなどを挟むのも同様の効果があります。右ヒジが伸びたアドレスでゴルフのうまい人は、世界に一人もいません。

スイングアークという「円弧」は、できるだけ大きいイメージを持ってください。

大きな円弧は、再現性が高いものです。小さくなると、毎回、色々なところが変わってしまい、再現性が下がることになります。力任せの〝マン振り〟は必要ありません、体幹を使った円弧の大きなスイングで飛距離を追求しましょう。

「飛ぶようにしてくれませんか」と僕にいったときの青木プロは、スイングアークが小さいまま振っていました。これを大きくしたことで飛距離が確実に伸びたのです。

ヘッド軌道が描く弧の直径が1センチ大きくなると、飛距離は2ヤード伸びるといわれ

アドレスで右ヒジは伸び切らない

ています。

今より30ヤード飛ばしたいのなら、ヘッド軌道の弧の直径を15センチ大きくすればいいのです。

スイングアークを大きくするドリル

まず上体の力を抜きます。青木プロの場合、飛ばそうとするあまり力が入り、グリップを近くに引き寄せていました。

「キリンの首」アドレスを思い出してください。長い首をイメージするだけで上体の力が抜けます。

スイング始動では、体幹を使って低く長くすることを意識します。手元から動くのではなく、臍下丹田から体を回すイメージです。

簡単なドリルで習慣づけられます。ヘッドのすぐ後ろに水の入ったペットボトルを置いてアドレスし、これを押すようにしながらテークバックします。重量があるので、自然に低く長い始動ができるようになります。

もうひとつのドリルは、スプリットハンドでグリップして素振りをすることです。スプリットハンドというのは、左右の手をコブシ1個分離して握ることです。

こうすると手でクラブを上げるイメージにはなりにくいはずですが、さらに体幹部＝お腹を回す感覚でやってみましょう。常に、腕は体の正面。回っていくお腹の前に腕がある状態でパワーをため合うことができます。

スイングアークの弧の直径1センチで2ヤードプラス。飛距離が伸びることを想像しただけでワクワクしますね。

大きなスイングアークは上体の力を抜いて

②ここがわかれば簡単に飛ばせる

飛ばしの対角線理論∞（インフィニティ）

上半身と下半身の捻転をより大きくすることでパワーはたまり、飛距離がアップします。捻転を生み出すのに最も大切な動きは、実は下半身にあります。

効率よくパワーを出すためのキーワードは∞（インフィニティ）です。両足のスタンスを上から見た図に、∞を表すこの記号を当てはめてみましょう。

両足のカカト、つま先が上下する様が、対角線を描くように動いていく。まるで∞（インフィニティ）の記号を描くように変わっていくのをイメージしてみてください。

左足のつま先と右足のカカト、右足のつま先と左足のカカトが対角線を描くように重心が移るからです（78ページ図参照）。

もう少し詳しくお話ししましょう（78～79ページ写真参照）。アドレスでは両足のつま先とカカトでバランスよく立っています（写真A）。始動後、バックスイングに合わせて、左のカカトが上がっていくと、重心は、左つま先と右カカトに動いていきます。この状態のピークがトップ・オブ・スイングです（写真B）。足の動きがうまくいくと、きれいなトップができるはずです。

切り返してダウンスイングに入ると、右足はカカトからつま先へ、左足はつま先からカカトへと重心は移っていきます（写真C）。インパクトで右つま先と左カカトに完全に動いた重心（写真D）は、フォロースルーでそのまま左カカトに乗っていきます。フィニッシュでは右カカトが上がり、左のカカトに重心の多くがかかっている（写真E）のがわかるでしょうか。

人間の体は、下半身に大きな筋肉がついています。これを上手に動かすことで大きな捻転が生まれます。これを促すのが対角線で重心を移動させる∞（インフィニティ）のイメージ。

対角線でなく足の動きがつま先からつま先、カカトからカカトと平行するような動きはNGです。

左右にスライドするだけのような下半身の動きは捻転を生み出せません。飛距離も当然、得られません。傾斜地に立っているときのように、体の動きにリミッターがかかり、振りがコンパクトになってしまうからです。

この動きをマスターするには、右足カカトでボールを踏んでクラブを振る練習をするのがいいでしょう。重心が対角線で移動していく動きが自然にできるようになります。

ただし、キャパオーバーになってしまうほどの大きな動きは、体がふらついてバランス配分が悪くなるので、注意も必要です。

対角線理論（∞＝インフィニティ）は、足だけでなく体全体の動きにも生きています。

右肩を引いていくバックスイングの動きと、左肩を引いていくダウンスイングの動き、これに伴う腕の動きはまさに対角線です。

飛ばしの対角線∞

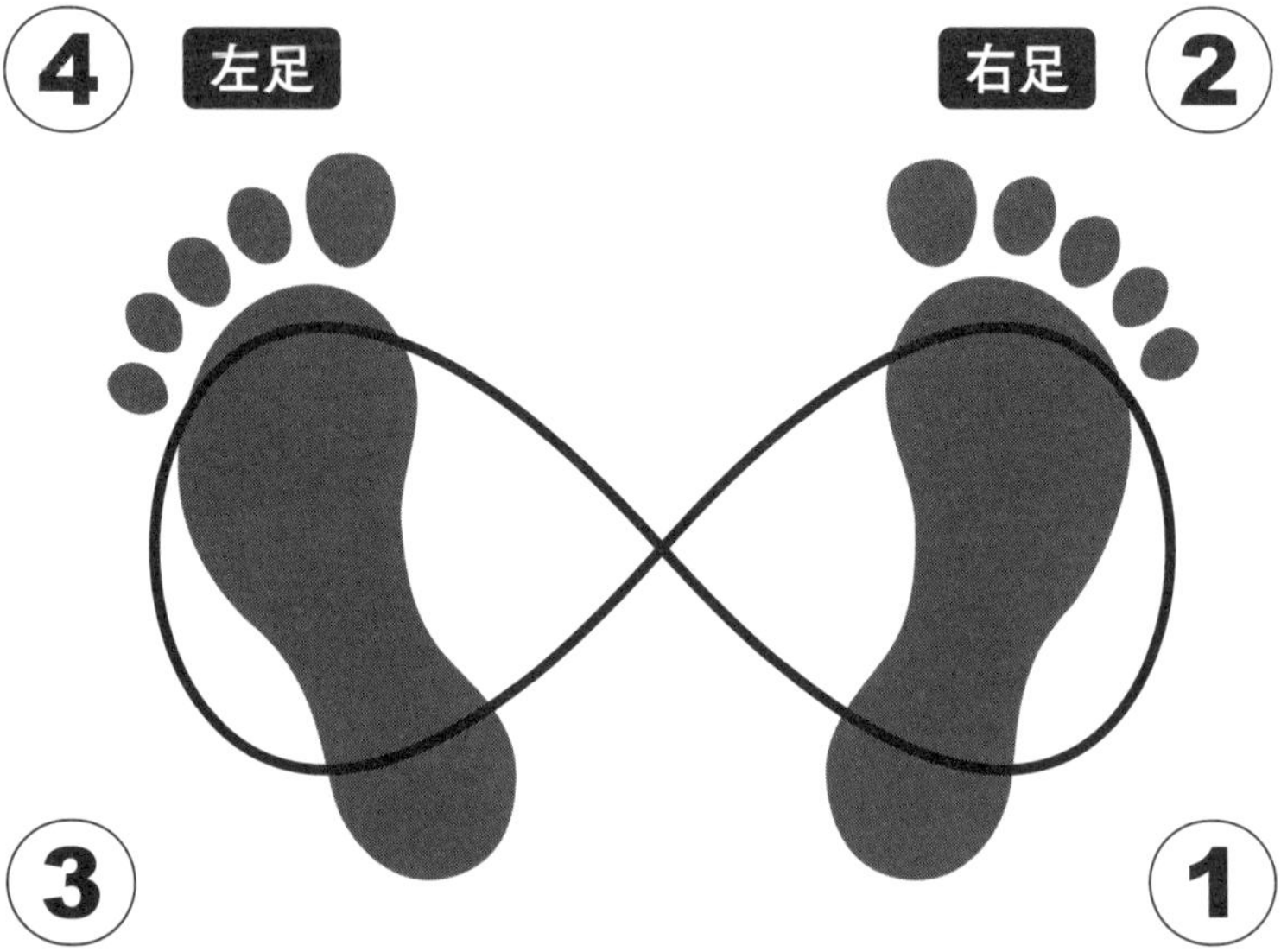

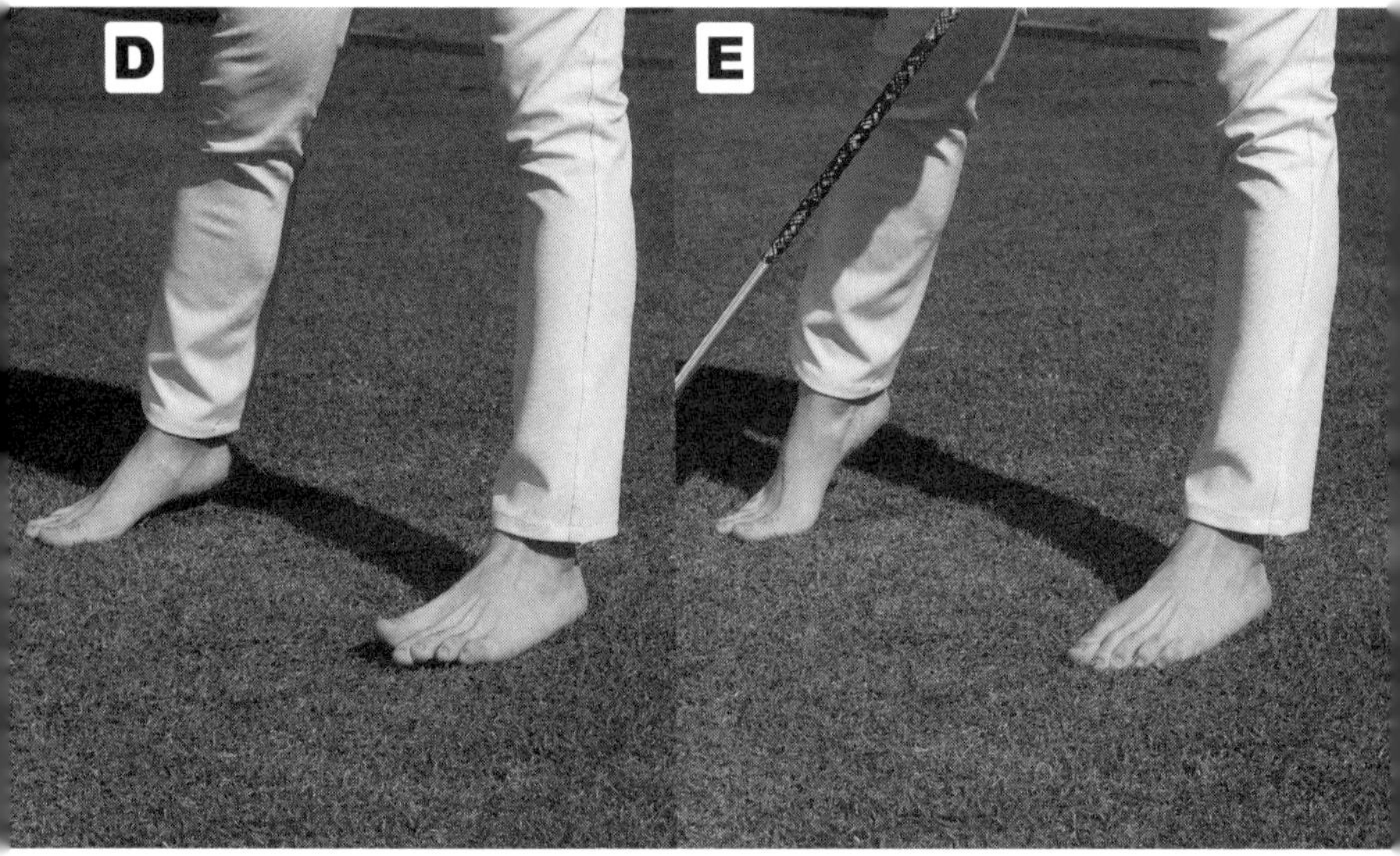

▶重心はアドレスでは足裏全体（写真A）。バックスイングからトップまで右カカトから左つま先（写真B→C＝右図①と④）。ダウンスイングからインパクトでは右つま先と左カカト（写真D＝右図②と③）。そのままフィニッシュで左カカト③に寄っていく

昔のクラブではバックスイングで大きく右に体重を乗せて、ダウンスイングで左に乗せていく動きが必要でした。その上でインパクトで手首を返してやっと、ボールをきれいにつかまえられたのです。

けれども、進化した現在のクラブではそんな必要はなくなりました。体重移動をするにしても、アドレスしたその場から大きく動かなくて大丈夫。だからこそ、自然に地面を蹴る感覚が得られます。

最近、よくいわれるようになった「地面反力」というものですが、これも∞（インフィニティ）の動きが促してくれます。回転して自然に伸びる動きが地面反力を大きくし、飛ばしのエンジン出力を上げるのです。

下半身を意識した対角線∞（インフィニティ）をうまく作るためのドリルもあります。壁に頭をつけて、エアスイングをすることです。

こうすることで前傾角度を変えずに始動からフィニッシュまで振ることができるようになります。肩に力が入っていては振れないので「やる気のない上半身」もうまく作れるはずです。

さあ、対角線∞（インフィニティ）を自分のものにして、効果的な動きを身につけましょう。

やる気のある下半身とやる気のない上半身

アドレスの話で「キリンの首とどっしりした下半身」という話をしました。肩の力を抜いて首を伸ばすことによって「心の重心が下がる」ことも。これによって呼吸が深くなり、いいパフォーマンスにつながる話もしました。準備はＯＫ。のはずですが、いざ、ボールを前にすると力が入ってしまう人がとても多いのです。下半身に力が入るのならいいのですが、上半身に力が入ってしまうのは百害あって一利なしです。

唯一クラブに触っている手に力が入り、肩を怒らせてしまう気持ちはわかりますが、それではクラブに仕事をしてもらうことはできません。まずは上半身の力を抜きましょう。

できない場合にはどうするんでしたっけ？　一度、思い切り肩に力を入れてみるのでしたよね。反動でスッと力が抜け、「やる気のない上半身」のできあがりです。

これができたら、アドレスの位置にクラブをまっすぐストン、と落とせばいいだけです。左ヒザを意識して地面をわしづかみにしてできた「やる気のある下半身」とのコンビネーションで、大きな捻転を生み出します。

上下の捻転を生み出すための足の動きがわかったら今度は上半身です。肩の高さを変えることなく、背中を飛球線方向に向けて、胸を後方に向けて回すこと。こうすると、上半身と下半身のジョイント部分である腰が動き、体幹でスイングできるナチュラルな捻転が生まれるはずです。

「腰＝お腹を回す感覚」といい換えてもいいですね。

バックスイングの具体的なイメージとしては、「右尻のポケットを真後ろに引っ張られる感じ」でしょうか。余計なことは何もしないのも大切です。「上半身の前傾角度は変えない」というのも忘れず、そのまま回ればいいのです。

体全体にも∞理論は当てはまる

右肩を引いてバックスイング、左肩を引いて
ダウンスイングの対角線をイメージする

スイングはドラマ

ゴルフスイングは、ドラマのようなものだと思ってください。オープニングに当たるアドレスがしっかりしていて、エンドロールのフィニッシュが決まれば、クライマックスというべきインパクトは自然に決まります。

インパクトが一番大事なのは間違いありませんが、スイングにおいてはクライマックスではあるけれど、過程に過ぎないのです。

スイングはインパクトで終わってしまうのではなく、フォロースルーがあってフィニッシュがある。そう考えれば、インパクトの瞬間に小手先で何かをしてしまうこともありません。アドレスを決め、始動した瞬間にスイングというドラマは始まり、きれいなフィニッシュに向かっていく途中でインパクトを迎える。そしてフィニッシュへと向かっていくのです。

エンディング（フィニッシュ）に向かう途中（フォロースルー）次第で、球筋というエンディングを変えることもできます。

インサイドアウト軌道で高いフォローなら、アーノルド・パーマーのようなドローボール。アウトサイドイン軌道で肩と平行のフォローを取れば、フェードボールになります。ここから逆算すれば、アドレスも決まりますね。

オープニングでストーリーの核がすべて決まり、途中にはりめぐらされた伏線が肉付けとなる。

小細工はいりません。最初と最後を決めればいいのです。

畑岡奈紗
ピョンピョンジャンプで心の重心を下げる

2021年全米女子オープンで、優勝まであと一歩と迫った畑岡奈《はたおかな》紗《さ》プロ。残念ながら、プレーオフで笹生《さそう》優花《ゆうな》プロに敗れ、メジャータイトルはお預けとなりました。東京オリンピックでもメダルには手が届きませんでした。けれども、米ツアー4勝の実力は世界中が認めるところです。

2016年に、高校生アマチュアで日本女子オープンを制して日本中を驚かせた畑岡プロ。後に黄金世代と呼ばれ、ツアーを引っ張ることになる1998年度生まれの仲間たちを牽引するひとりです。

日本女子オープン優勝直後にプロ転向を表明。QTを経て翌2017年からは世界一レベルの高い米ツアーを主戦場に戦い続けています。この年の9月には帰国して日本女子オープンで連覇。アマチュアとプロでの大会連覇という偉業を成し遂げました。日本のメジャーでさらに2勝。米ツアーでのプレーも6年目となり、すでに通算4勝。確固たる存在感を示しています。

メジャーの舞台では、2018年全米女子プロで3人プレーオフに臨みましたが、2位に終わっています。2021年の全米女子オープンは粘り強いプレーでプレーオフまで行きながら、3ホール目（サドンデス1ホール目）で笹生プロの前に力尽きました。それでも、そのプレーぶりには、尾崎将司《おざきまさし》プロが「最大の賛辞を送りたい。素晴らしい2位であった」とコメントしたほど。悔しさを飲み込みながら笹生プロを讃えたほどのグッドルーザーぶりでした。

畑岡プロの強さを支えているのが、連動性の高いスイングです。お腹から始まって、股関節の動きへと移っていくスイングは、本書でも度々書いている飛ばしの秘訣そのままのお手本です。

バックスイングで左足が右に流れないのも素晴らしい。98ページからの「ガニ股スイング」ドリルで身につける左の踏ん張りが、しっかりとパワーをため込んでいます。

トップからの切り返しでは、右足が左に流れることなく、お腹のねじれはしっかりとできているのが特徴です。

もちろん、前傾角度はスイング中全く変わらずキープできています。これは、腹圧でしっかりと上体を支えているから。しっかり鍛えられた強い体幹が、アドレスからフィニッシュまでスイングの基となっています。

本書で書いている飛ばしのためのポイントを、全て実践しているかのようなスイングはさすがです。

全米女子オープンでプレーオフまで行ったのも、後述するマラソンクラシックでの優勝も、そのスイングから繰り出す安定したショットのたまものでした。

もうひとつ、畑岡選手といえば、印象に残るのが、アドレスに入る前にその場でピョンピョンとジャンプするプレショットルーティン。全身をリラックスさせてピョンピョンしている姿を、テレビなどでご覧になったことがある方も多いのではないでしょうか。

上体の力を抜くためのもので、これをするとフィニッシュまで気持ちよく振り切れるそうですが、まさに「心の重心を下げる」動作といえます。

全米女子オープン約1か月後、7月のマラソンクラシックでは、初日に「61」を叩き出します。悪天候で54ホールに短縮された試合でしたが、スキのないゴルフを続けて6打差圧勝。2年ぶりのツアー4勝目を飾ります。

「東京オリンピックでの金メダル」という目標に向けて誰よりも準備をしてきた選手でもあります。残念ながらメダル獲得はできませんでしたが、開催国代表としてのプレッシャーや責任を力に変えて、畑岡プロらしいゴルフをしてくれました。

最終日に関しては、長年の相棒でキャディのグレッグ・ジョンストンが腰痛により交代。そんなハプニングにもしっかりと対応しました。メンタルスポーツであるゴルフをする上で「いつも通りではない」という状態はなかなか難しいものですが、さすがは畑岡プロだと感じました。

オリンピックでは、ショット、パットともうまくかみ合いませんでしたが、間違いなくこれからの日本選手を率いていくひとり。日本中の選手が、彼女のアメリカでの活躍を気にしています。

同時に「畑岡選手のようになりたい」というたくさんの子供たちに夢を与える存在でもあります。次（２０２４年）のパリオリンピックでは、ぜひ金メダルを獲って欲しいと心から思っています。

第4章

飛ばしのスイング作り2
～実践編～

①臍下丹田を回すように振る

正しいハーフウェイバックでナイスショットは約束される

クラブを「振る」というと、つい手を動かすことを主体に考えがちですが、そのイメージは一度消してください。**臍下丹田を回すことを意識してみましょう。**自然に手がついていき、体幹でスイングできます。体幹で振ることができれば、軸がしっかりして体のバランスが整い、ヘッドが大きく動きます。

臍下丹田から体を動かすバックスイングが始まったら、最初に注意するポイントはハーフウェイバック。

ハーフウェイバックというのは、バックスイングでクラブが地面と平行になったポジションのこと。大事なのは、このときのフェースの向きです。これが、ショットの方向性を決めることになります。

ハーフウェイバックでのフェースの向きは、上体の前傾角度と同じになっているのが理想です。前述した前傾角度は、アドレスからインパクトまで変えない、これと同じになっているかどうかをチェックしてみましょう。

ノーコックだと振り遅れます。ハーフウェイバックではすでに手首は自然にコックしているはずです。

ただ、上体が前傾している分、まっすぐという感覚が違っていることに注意してください。現代のクラブでは、ハーフウェイバックでトゥが真上を向いていたら、フェースは開いていることになります。上体が前傾している分、トゥはややかぶるイメージが正解です。両腕の三角形を最後まで崩さないというのは、昔のクラブでのスイングです。

まだハーフウェイバックと思うかもしれませんが、**実はここまででスイングの勝利の方程式はでき上がっています。**この段階まで正しい形で振ることができれば、ナイスショットは約束されたようなものだからです。

ハーフウェイバックからトップ・オブ・スイングまでも、やはり手ではなく体を動かします。背中を目標方向に向けるだけです。手も自然についていきますので、コックを入れたり、余計なことはしません。体が正面で手を上げるのではなく、体を回して左腕が軽く伸びた状態で手が耳のヨコにあるのが理想です。体が回るところまでで、無理はしなくてＯＫ。そこがあなたのトップの位置です。

パワーを生み出すトップでの〝小ダウン〟

トップ・オブ・スイングでも、ひとつポイントがあります。

僕は〝小スクワット〟あるいは〝小ダウン〟と呼んでいるのですが、ここでちょっとした〝間〟を作ることが、この後大きなパワーを生み出す源となります。

どんな動きにも準備は必要です。ボクサーがパンチを繰り出すときには、ヒジが曲がった状態から伸ばします。キックも同じです。

YES

▶前傾角度とフェースの角度が同じになる

NO

▶フェースが開きすぎている

NO

▶フェースが閉じすぎている

ハーフウェイバックから背中を回すだけで トップ・オブ・スイングへ

3
目標方向に背中を
向ける

5

6

1
2
フェースの向きは
上体の前傾角度と
同じ

4
体を回していくスイン
グのキモは、ハーフウェ
イバックとトップでの
“小スクワット”

ヒザが曲がった状態から伸ばします。どちらも関節が伸び切った状態からでは出力が小さいので、バネを使ってパワーアップするための準備をしているのです。

ただ、この準備が大げさだと、スキができてしまうのです。ボクシングならガードが甘くなるし、ゴルフでは全体のバランスを崩してしまいます。大事な前傾角度も変わってしまう原因になります。

それでは本末転倒。体全体の連動性が保てず、飛距離は落ちて、ボールも曲がります。だから小スクワット＝小ダウンなのです。トップ・オブ・スイングでほんの少しの〝間〟を作るようにすれば、前傾角度やバランスはそのままに、小さなスクワットができてエネルギーがアップするというわけです。

クセで決まる体重配分。無理はケガやイップスの元

バックスイングでの体重配分には個人差があります。第1章①で「自分を知る」という話をしたのを覚えていますか。クセを直して同じ型に当てはめるのではなく、クセを知り、武器にするということでしたね。

立っているときの重心のかけ方、座っているときの足の組み方などでわかる自分の軸を、改めて確認してください。右なのか左なのか、それとも真ん中なのか。それ次第で、バックスイングでの体重配分も変わってきます。

プロゴルファーを例に挙げてみましょう。例えば、石川遼《いしかわりょう》プロは、左重心。このタイプのゴルファーは、バックスイングで無理に右に重心を移動させようとする必要はありませ

ん。左重心のまま、ボールをさばくようにするとうまくいきます。

2020年、2021年と女子ツアーで活躍している古江《ふるえ》彩佳《あやか》プロは、重心が真ん中にあるのがよくわかります。このタイプのゴルファーは、バックスイングで右へ、ダウンスイングからは左へと自然な体重移動をしながら回転するのが合っています。

右重心の例としては、2020年国内のメジャーで2勝した原《はら》英《え》莉《り》花《か》プロがいます。原プロのように右重心だと思ったら、あまり無理して左に移動させようとせず、少し右に重心が残っているままフィニッシュまで振ってしまっても問題ないはずです。

ゴルフに限ったことではありませんが、自分の体が持つポテンシャルをのびのびと生かしてあげることが、スポーツでは大切です。

特にゴルフは、一瞬の動きで決まるスポーツではなく、4時間から6時間もの長い時間をかけて18ホールをプレーします。競技になればこれを何日も続けることになります。無理な動きをこれほど続けてしまうと、疲労が蓄積するだけでなく、故障の原因になります。体のクセを無理に抑え込んだり、逆らったりすることで、ケガやイップスなどを呼んでしまうこともあるのです。

もう一度、第1章①を読み返してみてください。自分が立っているときの軸と、違う体重配分でバックスイングをしているようなら、それは体に無理を強いていることになります。改めてチェックして、無理をなくすことで、のびのびとゴルフが楽しめるはずです。ケガやイップスなどでゴルフ人生を縮めないためにも、ぜひ気をつけてください。

②バックスイングのコツ

変化の先に進化あり。努力を続けよう

情熱の炎を消さないこと。人生の極意のようなことをいっていますが、これはゴルフスイングの極意でもあるのです。

「臍下丹田を回して、ハーフウェイバックから背中を飛球線方向に向けていく」と前項で述べました。

でもみなさんには、体の柔軟性も体幹も筋肉も、プロゴルファーほどはないでしょう。仕事でゴルフをしているアスリートではないのですから、当然といえば当然ですが、維持したり、鍛えたりは難しいものです。

できなくてもいいんです。でも、大事なのは「やろうとする情熱」です。これを失ってはいけません。向上心をなくしてしまっては、そこで終わってしまいます。

哲学的な話になってしまいましたが、**バックスイングでは背中をできるだけ飛球線方向に向くように回すことを常に考えていてください。**せめてアゴと左肩がつくところまでは体を回しましょう。

できなくても常にそれをイメージして回していくことで、徐々に可動域は広がっていきます。変化の先に進化あり。あきらめたらそこでおしまいです。

背中を飛球線方向に向ける努力をしよう

▶背中の方向に意識を持っていく

大事なのは体ではなくクラブの動き

ゴルフボールはクラブで打つものです。一番大切なのはクラブの動き。これを効率よくするために、体の動きから考えます。

勘違いしがちなのですが、体の動きばかりを考えて、クラブの動きを忘れてしまってはいけません。極論ですが、クラブさえきちんと効率よく動いていれば、体の動きはどうでもいいといってもいいくらいです。

体を動かしすぎてしまってクラブの動きを制限してしまう、というのもよくあるケースです。手先ばかりを振ってしまってヘッドが走らないのでは、意味がありません。

上半身と下半身のバランス、体の出力とクラブの出力のバランス。どちらもうまくとれていないと、クラブが効率よく動きません。クラブとうまく連動させた体の動きを考えてみましょう。

グリップの項（34～35ページ）でＮＧと書いた、上から押さえつけるようなクラブの握り方をして、両腕が作る三角形を崩さないように振るのが正しいと思っている方が未だにいますが、これではクラブはうまく動きません。

こんな風に、思わぬところでクラブにリミッターをかけているようではボールは飛びません。

ガニ股キープで飛距離アップ

下半身の大きな筋肉を使って飛ばす。本書で何度も出てくるこのキーワード。対角線∞（インフィニティ）理論もそうでしたが、**ガニ股というのも下半身の筋肉を上手に使うポ**

イントになります。

思うように飛距離が出ない原因のひとつとして挙げられるのが、バックスイングで下半身が緩んでしまうこと。下半身の大きな筋肉を使うというのを、勘違いして両脚が動きすぎてしまっている場合も少なくありません。

上半身と下半身（腰と肩）との回転の差から生まれる捻転を作るには、下半身はあくまでどっしりと構えていなくてはなりません。アドレスの項（41ページ）でお話ししたように、まず、10本の足指が地面をつかむようにどっしりと構えます。そしてお尻とハムストリングスに力感を持ちます。

バックスイングでは、左ヒザが右に流れないことを意識します。左ヒザが右に動いてしまうと、上半身が回転しているように見えても、下半身との捻れができず、飛ばすためのパワーは生まれません。

踏ん張ることができず、結果的にダウンスイングで左腰が引けてしまい、体が早く開いてしまうへっぴり腰インパクトになってしまいます。これでは効率よくクラブの芯でヒットすることなど至難のわざです。

左膝が流れないためにはどうするか。ここで出てくるのが「ガニ股」です。

地球をつかむようなどっしりとしたアドレスを作り、バックスイングに入ったら「ガニ股」を意識して左ヒザをできる限り右に動かさないようにします。

多少動くのは仕方ありませんが、ここで踏ん張ることで上下の捻れが生まれます。

「ガニ股」さえキープできれば、トップは大きくなくても大丈夫。

十分な捻転があるのでコンパクトなトップ

からでも、それをほどくことで、下半身主導のパワーあふれるダウンスイングにない飛距離が得られます。

「ガニ股」のバックスイングを身につけるためには、開脚ストレッチを日常に取り入れるのがいいと思います。

両足を開いて腰を落とし、両手はそれぞれの太ももの上に置きます。この状態で上半身を回したり、ひねったりする。

みなさんも一度はやったことがあるポピュラーなこのストレッチを習慣化することで、「ガニ股」のバックスイングがうまくできるようになるはずです。

そうすればもう、下半身は緩まず、大きな筋肉が使えるようになり、飛距離アップにつながるはずです。

トップ・オブ・スイングでのチェックポイント「お腹、左手首」

臍下丹田を回すスイング、ハーフウェイバックから背中を飛球線方向に向けるだけでトップができると前項で書きました。１４２ページからのコラムで触れている星野《ほしの》陸也《りくや》プロのスイングがまさにこれです。

２０２０～２０２１年シーズンに大きく躍進している星野プロほどの体幹や筋肉、柔軟性がなければあそこまではできないと思いますが、イメージとして大いに参考にしてください。

お腹は上半身と下半身のジョイント部分です。ここが回っていなければ飛距離を生み出す捻転は生まれず、手打ちになってしまいます。トップでお腹がどこを向いているかを意

右ヒザが流れないバックスイングはガニ股で

ガニ股キープなら
コンパクトなトッ
プでも飛ぶ

識しましょう。

こうすることで、上半身と下半身のバランス配分も整えることができます。

上半身と下半身がアンバランスになってしまうと、ミスショットが出やすくなります。ミスを減らすという意味でも、大切なのがお腹の向きなのです。

トップでもうひとつ気をつけるのは、左手首が外（甲側）に折れないこと。

甲側に折れてしまうとフェースが開いてしまい、とんでもなく右に出球が行ってしまうことになります。

親指と人差し指のグリッププレッシャーが強いと、甲側に手首が折れやすくなりますので気をつけましょう。トップでもアドレスしたときの柔らかいグリッププレッシャーのままでいてください。

流行のシャローイングは危険がいっぱい

世界のツアーで流行のシャローイング。言葉くらいは聞いたことがある方も多いのではないでしょうか。

簡単にいうと、シャロー（浅い）な入射角でクラブがボールにコンタクトすることでヘッドスピードを上げ、ボールを遠くに飛ばすこと。ダウンスイングに入ってクラブを寝かせるような動きが特徴です。

欧米のトッププロが取り入れていることもあり、日本でも話題になっています。けれども、僕は正直いって、一般的な日本人の体格を考えると向かない動作だと思っています。パワーがないとできないからです。

もちろんシャローイングを広めている人にケンカを売るつもりはさらさらありません。

でも、少しシャローイングのようになる動作なら飛距離アップにつながると思いますが、やりすぎてしまうと問題が出ます。安定して飛ばすためには、この動きは向いていません。

グリップエンドは常に体の正面にあるべき、というのがゴルフの基本です。46ページの青木瀬令奈プロの飛ばしのコラムでも書いたように、ダウンスイングでシャフトをタテに使うことができれば、グリップエンドは体の正面から外れることはありません。

けれどもシャフトを一度寝かせてしまうシャローイングは、グリップエンドを体の正面から外してしまいます。これを戻すのはとても難しい上に、パワーが必要だからです。

ダウンスイングで、手元と体の距離が近くならなければ、すでにシャローイングといえるのではないかと僕は考えています。それで十分飛距離は得られるはずだからです。

基本を理解し、自分のスイングを持っているトッププレーヤーならまだしも、アマチュアのみなさんが飛距離を求めるあまり、ダウンスイングで手元をどんどん遠くに持っていこうとするのはとても危険です。

体の正面から外れてしまったグリップエンドが、元に戻ることのないままインパクトを迎えてしまったら、大きなミスになります。

無理に戻そうとすれば、スイングのバランスはガタガタになってしまうでしょう。やりすぎは禁物です。

流行に惑わされることなく、基本に忠実に効率のいいスイングをすることこそが、確実な飛距離を生みます。ゴルフはミスをするスポーツ。だからこそ再現性を高め、安定して飛ばすことが大切です。

③飛ばしのポイント

インパクトまで目線はボールの内側

みなさんはいつも、どこを見てゴルフボールを打っていますか？　「絶対にボールから目を離すな」とか「ぼんやり見ろ」とか、諸説ありますね。

そんな中で僕がお勧めするのは、**インパクトまではボールの内側（右利きなら右側）を見る感覚を持つことです。**利き目にもよるのですが、右が効き目の人には特にお勧めです。

クラブフェースが当たるまさにボールの内側を見てください。インパクト後は、自分のボールの行方を追ってＯＫ。なぜなら、インパクトまでの頭の位置がビハインド・ザ・ボールにあるという基本はすでにできているからです。

頭が残っていれば、スイングの大切な要素のひとつであるサイドベンド（側屈）が自然にできて、飛距離につながります。軽く振って飛ばそうと思ったら、ぜひボールの内側を見るようにしてみてください。それだけで面白いほど飛距離が伸びるはずです。

ボールの左側を見てしまうと、ダウンスイングで状態が突っ込んでしまいやすくなります。バランスが崩れ、正しいインパクトができなくなるので要注意です。

この動きに慣れるための簡単なドリルがあります。左頬を左手で押さえたまま、右手だけで素振りを繰り返すことです。やってみるとわかりますが、どうしても頭は動こうとするのですが、インパクト位置までこれを押さえると、驚くほど上体が暴れなくなるはずです。

インパクトで上体が起き上がってしまう動きや、目標を早く見すぎてしまうルックアップも防げる効率のいいドリルです。

左が効き目の人がボールの内側を見るのは難しいので、その場合はボール全体を見るようにするとバランスがとれます。

ボールを見る、といっても凝視してしまうと軸がブレやすく、サイドベンドができなくなってしまいます。ぼんやりとボールを意識する程度がちょうどいいでしょう。何事もトータルバランスで考えるようにするのが、効率よく飛ばすコツです。

左頬を押さえる素振りドリルは、実は他にも効果があります。上体が突っ込まないから、上下のジョイント部分であるお腹から動くことができる。２０１９年全英女子オープンで優勝した頃の絶好調だった渋野《しぶの》日向子《ひなこ》プロの動きのように、きれいにお腹を回せるようになります。

広すぎるスタンスはＮＧ

飛ばすための努力を色々しているのに、なかなか効果が出ない。そう思ったら、改めてスタンス幅を見直してみましょう。基本は肩幅です。足を広げすぎていませんか？　一見、スタンスが広いほうが飛びそうですが、そんなことはありません。足を広げすぎると下半

左頬を押さえた右手1本素振りは効果絶大

このドリルで自然なサイドベンド（側屈）ができる

身の動きが制限されてしまい、大きな筋肉が使えなくなってしまうからです。

傾斜地にいるように足が使えない状態では、飛距離など出ません。76ページからの対角線理論∞（インフィニティ）と併せて、下半身をうまく使って出力エネルギーを上げましょう。

つま先を少し開いて可動域を広げる

人間の体は、放っておくと年齢とともに硬くなり、可動域も少なくなります。バックスイングが以前のように上がらず、上下の捻転差が小さくなって飛距離が落ちてしまった……。そんなお悩みをお持ちの方にいい処方箋があります。

アドレスで少しだけ、左右のつま先を開いてみてください。親指の幅1本分くらいでいいです。これで可動域が広がり、回転しやすくなるはずです。体の硬さをカバーできます。前屈をするとき、足の幅が広いほうが曲げやすいでしょう。あれと同じことです。股関節が硬い人は、多少多めに開いても構いません。

左右の足が平行になっていたときに比べて、リミッターが外れたように体が回りやすくなったのが感じられると思います。

可動域が広がり、上下の捻転差が大きくなることで、エネルギー出力が大きくなり、飛距離はアップします。

ただし、やりすぎは禁物です。つま先を広げすぎると、今度は下半身の動きが制限されてしまい、上体だけの手打ちになります。体が止まってしまうからです。開くのは親指の幅、1本分までと覚えておきましょう。

つま先を開いて可動域を広げる

▶開くのは親指の幅１本分

走る動作で出力を上げて飛ばす

スイング中に歩いたり、走ったりする動作を意識したことはありますか？「何となくある」という人は、下半身主導のスイングが身についているのかもしれません。

実は、ゴルフスイングは走る動作によく似ています。第3章に、対角線∞（インフィニティ）理論というのをお話ししました。両足のつま先、カカトに重心が順にかかっていくというものと、左右のタテの動きも対角線になっているというものです。ご記憶でしょうか。これ、足踏みと同じなんです。

腕を振りながら、その場で足踏みしてみてください。右足を踏み込む、伸ばすというのが、バックスイングの足の動き。次にくる左足を踏み込む、伸ばすという動作は、ダウンスイングのそれに似ているでしょう。

気をつけるのは、前傾角度を変えないこと。胸がしっかりと下を向いた一定の角度を保って、足踏みするようにスイングしてみましょう。

少し詳しく説明すると、右カカトの上で右足を曲げる（右ヒザ）から始動して、軸はずらさない。ダウンスイングでもお尻は下ろすのではなく、後ろに引っ張るイメージです。

下半身の大きな筋肉を上手に使うことで捻れが大きくなり、出力がグンと上がって飛びます。走りながらのスイングをイメージするのは、その大きな助けになります。自然にヒザが使えるようになるのです。

繰り返しますが、前傾角度は変えない。軸は動かさないこと。曲がるのは、前傾角度が変わったり、軸がズレてしまったりするからです。飛んで曲がらないためには、あくまでも同じ前傾角度を保つのがポイントです。

　地面を上手に蹴ることができれば、それは大きなパワーを生み出します。そのためのドリルもあります。

　両足ジャンプです。簡単でしょう？　でも、若い人ならとにかく、一定以上の年齢の方にとって、ジャンプはなかなかハードな動きです。特に着地でケガなどしやすいので、ご自分の状況を確認しながら、最初は小さく、だんだん大きく回数を増やして飛ぶことを続けてみましょう。

　1週間続いたら、飛距離は伸びているはずです。地面を蹴る力がパワーアップしたからです。ドリルというほどでもない単純なトレーニングですが、効果は大きいのでお試しください。

　ドラコンのトッププレーヤーには、足を振るようにしてスイングして飛ばす人もいます。それほど、下半身は飛ばしのキーポイントになっているのです。

　僕は小さい頃、日本舞踊を習っていました。指先の美しい所作が目につく日本舞踊ですが、実はあれも動きは下半身主導です。体の動きの伝達は、下から始まっています。ゴルフでもそんな風に、足からスイッチが入って上に伝わっていくことで、飛んで曲がらないスイングができるのです。

ステップ打ちで左右の動きを会得

　走るイメージで打てるようになったら、次はステップ打ちに挑戦してみましょう。

　スピードスケートの選手のように、股関節

地面を上手に蹴るドリル、両足ジャンプ

最初は小さいジャンプから始めて徐々に大きくする

下半身の大きなパワーを生み出そう

を中心に右から左へ体重移動することを考えます。やりすぎるとスウェーしたり、体が起き上がるバンプという動きになるので気をつけて。

　狭いスタンスから始めるとうまくいきます。最初は両足を閉じてボールを真ん中に置いて股関節の右から左へ体重を動かしながら打つ。徐々にスタンスを広げていきます。

　ただし、股関節の可動域には個人差があるので、無理をしない範囲で練習すれば、左右の体重移動がスムーズになるはずです。

　下半身から動きが伝わっていくイメージを、自分の中で作ることで飛距離の出るスイングの雰囲気を出してみましょう。誰が見ても「飛びそうなスイングだな」という動きになって、実際の距離も出てきます。

スティックで長さ2倍のクラブにしてトルクを実感

　ゴルフのレッスン本で〝トルク〟というと、シャフトのトルクの話のようですが、ここでは、正しいフェースアングルのままで回転する（捻れる）力のことを指します。何度もいうように、お腹が回ることで生み出される十分な捻れ。決して手だけでは得られない飛距離を出すためのドリルです。

　練習用スティックをドライバーと一緒に持って、シャフトが2倍の長さになるようなイメージで持ちます。これでハーフスイングしてみましょう。ハーフスイング程度で構いません。お腹を回す動き＝自分のトルクをじっくり感じることができるはずです。

スティック
ドライバーとスティックを持ってハーフスイング

お腹を回す動きで自分のトルクを実感
お腹が回っていないとスティックが当たる

シンプルなダウンスイングでヘッドスピード以上の飛距離を手に入れる

トップ・オブ・スイングがきれいにできたら、その後余計なことをしなければ、効率のいいスイングはできます。効率のいいスイングとは、ヘッドスピード以上の距離が手に入る、ということ。無駄な力を入れる必要もありません。

飛ばしの対角線理論∞（インフィニティ）を思い出してください（79ページ参照）。トップからの切り返しで重心が右つま先に移動（Ⓒ）しながらダウンスイング。途中から左足カカトに移動しつつインパクトからフィニッシュ。この間、絶対にやってはいけない余計なこととは、何度も繰り返すように前傾角度を変えてしまうことです。

下半身主導で体がこのように動けば、腕は勝手にインパクトの位置に動いていきます。こうすることでヘッドがボールにコンタクトします。腕を振る意識は必要ありません。というよりもむしろ邪魔です。腕を振ってしまうと、せっかく下半身の大きな筋肉で動かした体に腕がついてきているのに、これにブレーキをかけるようになってしまうからです。大振りする必要はありません。

フォロースルーは左肩甲骨を引いていく

ゴルフスイングで最も大切なインパクトですが、あくまでもスイングのプロセス。前にもお話ししたように、現在のクラブではフェースローテーションの必要もありません。つまり、スイング軌道がアドレスの位置に戻り、ボールを捉えて通り過ぎるということ。正しいアドレス、正しいスイングをしていれば、自然な動きのままでいいのです。

ただ、**インパクト以降のフォロースルーも、腕を振るのではなく、そのまま体全体を使うのが理想です。**左肩甲骨を後ろに引いていくイメージを持てば、きれいに体が回転します。

腕で振ってしまうと、インパクト後、せっかくの勢いが止まってしまいます。トップスピードで走ってきた車は、停車するまでに制動距離が必要ですね。それと同様に、トップスピードでインパクトを迎えるためには、そのままフォローでも体を回す必要があるのです。

フィニッシュは左足1本に乗るイメージ

フォロースルーのイメージからは、一気にフィニッシュを思い描いてください。ダウンスイングの勢いで回転していき、**最後は左足1本に体重が乗るくらいの意識を持ちましょう。**こうすると自然に体重移動ができて、結果的に左右の重心が7対3くらいになるはずです。これが完璧なフィニッシュ。左右の重心が逆になるのは最悪です。

フォローからフィニッシュにかけて、左腰が引けてしまうのはＮＧ。ボールを飛ばしたい方向（飛球線）に向かってエネルギーのべ

フィニッシュまで一気に振り抜く

▶前傾角度を変えると正しく当たらない

▶前傾しすぎてインパクトを迎えるとミス多発

▶正しい前傾がインパクト通過点を正しくさせる

クトルをすべて向けたいのに、それを逃してしまうことになるからです。

フィニッシュ次第で球筋は操れますが、コツは無理にそこで止めないこと。止めるのにも無駄な力が入るので、フィニッシュの後、体は目標方向を向いたままで逆回転して腕が胸の前に戻ってくるくらいが理想です。

右足の粘りが飛距離を生む

トップからインパクトまでは、右足の粘りを意識しましょう。対角線∞（インフィニティ）理論で重心は右足つま先から左足カカトに移動しますが、インパクトまでは右足の裏全体が地面についている状態が理想です。

下半身の送りが早すぎると、左腰が引けてしまいます。右つま先に重心があっても、右足は前ではなく、地面を蹴って真上に送っていくイメージです。前に出すと頭が突っ込んでしまい、ヒールにミスヒットしやすく、アマチュアゴルファーに多いスライスボールが出やすくなります。左足にしっかり乗れないと、いわゆる〝明治の大砲〟に。体重が右に残る形になりやすいのです。これは、飛ばない上に曲がる最悪の形です。

インパクトまで頭はビハインド・ザ・ボールをキープすることで腕が伸びてヘッドが走ります。これが飛距離を生み出します。

どっしりとした下半身と暴れることのない上半身の捻転差が生み出す大きな飛びを満喫してください。

〝明治の大砲〟になりがちな人は、前述した左頬を押さえながら、右手1本で打つドリルを繰り返してみてください。効果てき面です。

▶右頬ドリルでビハインド・ザ・ボールを習慣化させる

⑤情報に振り回されず基本を大切に

動画には極端な動きが多い

　練習に動画を多用するのが、イマドキのゴルファー気質。自分のスイングを撮影してチェックするのはもちろんのこと、お手本となる動画を見ながらそれをマネて練習し、技を磨くのは決して珍しいことではありません。

　かくいう僕も、写真や動画を色々なメディアに取り上げていただいたり、ＳＮＳでアップすることで、みなさんにゴルフの素晴らしさを伝えようとしています。動きを可視化できる動画は、スイングをイメージし、マネるのにはもってこいです。プロたちも動画を大いに利用しています。コーチとのコミュニケーションツールとしても、動画とデータは必須といってもいいのが現代です。

　けれども、動きがイメージしやすい分、動画は両刃《もろは》の剣《つるぎ》でもあることを決して忘れないでください。

　動画のプラス面は、前述のように動きをイメージしやすく、自分では見られない自分の動きを可視化できること。これをさらに上手に利用するには、細かい部分よりも、トータルバランスを見るようにするとよいでしょう。

　タテの動き、ヨコの動き、回転の仕方、クラブの動きと体、腕の動きの連動性、アドレ

スからフィニッシュまでの流れるようなリズム……。このトータルバランスがよければ、飛んで曲がらない球が打てます。

逆に、アドレスで固まってしまったり、バックスイングがギクシャクしていたり、ダウンスイングで急に力が入ったりするのはよくないサインです。体と腕がバラバラに動けば、クラブもいうことをきかないはず。トータルバランスの悪いスイングは、飛ばないし曲がる球の出る原因になります。ここまでは、動画の有益な使い方です。

次に、動画の〝よくない使い方〟を説明したいと思います。〝動画に潜むワナ〟といい換えてもいいかもしれません。簡単にいうと２Ｄか３Ｄかということです。表面上は見えても奥行きが見えません。

最近のゴルフブーム再燃でクラブを握り始めた若い世代の方には、〝最初のゴルフの先生が動画〟という方も多いようです。「見て覚える」こと自体は、昔から行われていたことで決して悪くないのですが、ここに潜んでいるのがワナなのです。

直接、スイングを見るのとは違い、動画ではわかりやすいように極端な動きを撮影することが多いからです。**口頭での説明や文字での解説なしに、スイングを理解しないまま、動画の極端な動きをマネするとどうなるのか……。うまくいかなくなりますよね。**

例えば「ハッキリいって一般的な日本人には合わない動き」と、１０２〜１０３ページでお話ししたシャローイング。この動き自体が悪いのでも、勧めている人を否定するわけでもありませんが、動画を見て極端にマネをし続けて、ゴルフがうまくいかなくなってしまう人が意外に多いことに気付きます。

ダウンスイングでシャフトを寝かせることで、グリップエンドとお腹が一緒に動くという基本から、一度はずれてしまいます。このことがわかっていて、また元に戻せる人がやるのならいいのですが、わかっていないでやると、とんでもないことになります。フェースも一度開いて戻すローテーションが必要になるのですが、何度もいうように、現代のクラブには必要のない動きです。

現代のクラブならば、上げて下ろせば勝手に飛ぶはずなのに、さらに飛ばそうとして余計な動きが入る。つまり、クラブヘッドが暴れやすくなるわけです。

これを理解せずに繰り返し、どんどん動きを極端にしていくとどうなるか。曲がりまくってゴルフにならず、ひどい場合にはゴルフから離れてしまうケースもあります。残念な話です。

シャローイングは例に出しただけですが、それ以外にも、よりわかりやすく伝えようとするあまり（場合によっては動画再生回数を稼ごうとするあまり）極端な動きを見せるのが、よくも悪くも動画の特徴です。

僕はなるべくわかりやすい言葉や文字で解説するようにしていますが、それでも誤解が全く生まれないといったらウソになります。

特に、ゴルフを始めたばかりの方は、できるだけ基本に忠実なゴルフをすることをお勧めします。〝動画が先生〟で、熱心にマネをするのが悪いのではなく、極端に流行のものを追いかけたり、マネたりすることが危険だというお話です。

動画だけではなく、雑誌などの特集も同じ

極端な動画にはワケがある

動画は上手に利用するのがポイント

ことです。基本だけ、同じものだけでは飽きられてしまうので、最新のスイングや流行の打ち方が載っていますが、鵜呑みにして闇雲にマネはしないこと。基本がしっかりできるようになって、心構えができてから興味を持っても遅くはありません。

青木瀬令奈プロが、基本に立ち返って4年ぶりのツアー2勝目を挙げたように、基本は本当に大切です。同時に、プレーしているうちに、基本がおろそかになってしまうのもゴルフの難しさのひとつです。

うまくいかなくなったときに立ち返れる場所＝基本を自分でしっかりと作ること。今のクラブなら、上げて下ろすだけのシンプルなスイング軌道ができれば、飛んで曲がらないはず。これを信じてください。自分のクセを武器に変えることができたら、それを大事にしましょう。

おいしい話に毒があるように、流行の動画にも、ワナが潜んでいます。引っかかって抜け出せなくなる前に、一度よく考えることです。

写真より動画の危険が大きいのは、動きがはっきりとわかってマネがしやすいからです。常に前に進むことは大切ですが、全く戻れなくなるようなことは避けたいものです。

フォローで連動するお腹と左ヒジ

ゴルフスイングは腕ではなく、お腹を回すこと。これまでに書いてきたことを、ものすごく要約するとこうなります。腕がお腹についてくるからという理由です。

もう少し具体的に説明しましょう。クラブ

インパクト後は左ヒジとお腹を一緒に回す

▶左ヒジとお腹を一緒に回すとフェースアングルの管理がしやすい

を握っているのは主として左手の中指、薬指、小指の3本。ということは、当然リードしているのは左腕ということになります。

クラブと唯一コンタクトしているグリップ以外に、意識するのは左ヒジです。特にインパクト後は、こことお腹を一緒に回すようにしてください。インパクトでスイングを終わりにするのではなく、球筋を決めるフォロースルーはとても大切です。ドラマのクライマックスに向けて、左ヒジがお腹と一緒に回っていくことで、フェースアングルをしっかりと管理できます。つまり、曲がらずに飛ぶ。プロが「ライン出し」と呼ぶショットのように、自分の思い描いた球筋で、狙い通りのポジションにボールを運べるのは、このフォロースルーがあればこそなのです。

飛ばしの基本のひとつは曲げないこと。「曲げたくない」と思うなら、フォロースルーで左ヒジをお腹と連動させることです。簡単なようですが、雑になりがちなインパクト後の動きを意識することで、ナイスショットを引き出しましょう。

常に腹筋に力を入れながらスイングすることも忘れずに。上半身と下半身のジョイント部分であるお腹に力が入っていれば、上下の連動性はよくなります。これで、曲がり幅は狭くなり、軸がブレなくなるので飛ぶ。いいことだらけです。

ボディではなくクラブで考えてみる

ボールと直接コンタクトするのは、体ではなくクラブです。お腹を回すことでスイングするというのは、そのクラブを動かすための基本的な動き。お腹を動かせば腕がついてくる。シンプルに腕がついてくれば、クラブはアドレスの位置に戻ってくる。これが基本です。

ところが、お腹を回すことやボディターンばかりを考えているうちに、なぜかボールに当たらなくなったり、曲がったりしてしまう。そんな悪循環に陥ることがあります。これは、グリップが緩んでしまったり、腕が体についてこなくなっているからです。

お腹を回すことでスイングをしますが、あくまでもそれは動きの基本。実際にボールにコンタクトするのは、クラブフェースだということも忘れないでください。

しっかりボディターンできているのに、なぜかうまく当たらない。そんなときには、インパクトでフェースがどうなっているかを確認してみましょう。

原因は色々ありますが、前述のようにグリップがおかしくなっている場合や緩んでいる場合、グリップエンドが体から外れてしまっている場合が結構な割合であります。

体で回すけれども、ボールに当たるのはクラブ。そのことを頭の片隅にいつも置いておきましょう。

飛ばしのワンポイントは左尻にあり

もっと飛ばしたいあなたに、もうひとつ飛ばしのヒントを追加しましょう。**トップで小さくスクワットダウンし、ダウンスイングに入ったら、フィニッシュまで左尻を一気に回すことです。**引っ張られるようにお腹も回り、腕もついてきて飛距離がアップするはずです。

▶お腹を回す＝トランクローテーション

▶フォロースルーは左肩甲骨を引いていく

▶トランク（体幹）ローテーションが現在の主流

▶左尻を一気にフィニッシュまで回す

⑥まだまだ色々ある飛ばしの智恵

ティは高めが正解

ティアップ、無造作にしていませんか？

高すぎても低すぎても、インパクトでパワーをロスしてしまうティアップですが、**飛距離を求めるのなら高めがお勧めです。**

うまく当たる気がしないと、ドライバーショットでも低めにティを刺す方がよくいますが、あまりお勧めしません。上から突っ込むようにボールを打ちにいってしまうので、打ち出し角が低くなり、飛距離が出ないからです。逆に、クラブがボールの手前で最下点となり、ボールに対して上昇しながら当たる「アッパーブロー」のイメージで打ってみてください。

ボールが高く吹き上がってしまう、いわゆる〝テンプラ〟にならない程度に、高めにティアップして、手で打ちにいくのではなく、お腹を回すボディターンで打てば、飛距離が出ます。

クラブの構造を理解して飛ばす

クラブについては24ページから詳しくお話ししましたが、その特性をできるだけ知っておくことも飛ばしのためには大事なポイント

です。**自分に合ったクラブを選んだらそのスペックに興味を持ってください。**他のクラブと比較したり、次にクラブを選ぶとき役に立ちます。

さらに、自分のスイングが変わったときや、調子が悪くなったときにも、クラブの特性を知っていると対応できます。

ゴルフクラブそのものについても、少し知っておくとゴルフがより楽しめるようになります。昔のクラブと現代のクラブの違いについては24ページ以降で折りに触れて述べてきました。今のクラブはフェースローテーションが必要ないこと、だからグリップはストロングがいいともお伝えしています。

それらを大前提に、もうひとつ聞いてください。基本的なことなのですが、**ゴルフクラブの重心について理解しておくと、さらにゴルファーとしての深みが出ます。**

グリップの延長線上にスイートスポットがある野球のバットやテニスのラケットなどは、比較的単純な構造です。けれども、ゴルフクラブは複雑な構造を持っています。

バットやラケットと決定的に違うのは、ヘッドの重心がグリップからシャフトの延長線上にない、ということです。

クラブを操るグリップと、スイートスポットにズレがある。バットやラケットとは感覚が違うわけです。

グリップの延長線上にボールが当たったのでは、フェースは開いたままになり、シャンクのような球が出てしまいます。ヘッドの重心があるスイートスポットにボールが当たるように打つ。これがゴルフクラブをうまく操るコツです。

　ヘッドの重心については、色々な言葉を耳にする機会があると思います。最も聞くのは「低重心」ではないでしょうか。

　飛んで曲がらないやさしいクラブを追求していった結果、各メーカーがたどり着いたのが「低重心」でした。

　前傾角度がキープできずにミスヒットが多いアマチュアゴルファーが、ダフりやトップせずにクラブの芯でボールを捉えやすくするためには、ヘッドの重心＝物体を支える点が低い位置にあるほうがいい。だからどんどん「低重心」になっていったのです。

「低重心」にはバックスピンを減らすという効果もあり、バックスピンが減ればそれだけ飛距離が伸びるというわけです。

　ヘッドの重心についてはわかっていただいたと思いますが、クラブの全体の重心はシャフトにあります。

　人差し指の上にシャフトをのせてみて、左右のバランスがとれる場所。ヘッド寄りのシャフトのその部分が、クラブの重心位置です。

　クラブの構造をよく理解して、さらなる飛距離アップにつなげられるといいですね。

グリップエンドとお腹の距離は一定に

　グリップエンドとお腹は常に連動している。本書で何度も出てくるキーワードです。グリップエンドとお腹の間は、一定の距離を保ったまま動きます。

　体全体を時計に見立てて正面から見たとき、3時の位置にくるまで、つまり**ハーフウェイバックと対称の位置にくるまでは、グリップ**

▶ヘッドの重心がシャフトの延長線上にない

▶スイートスポットはシャフトからズレた部分にある

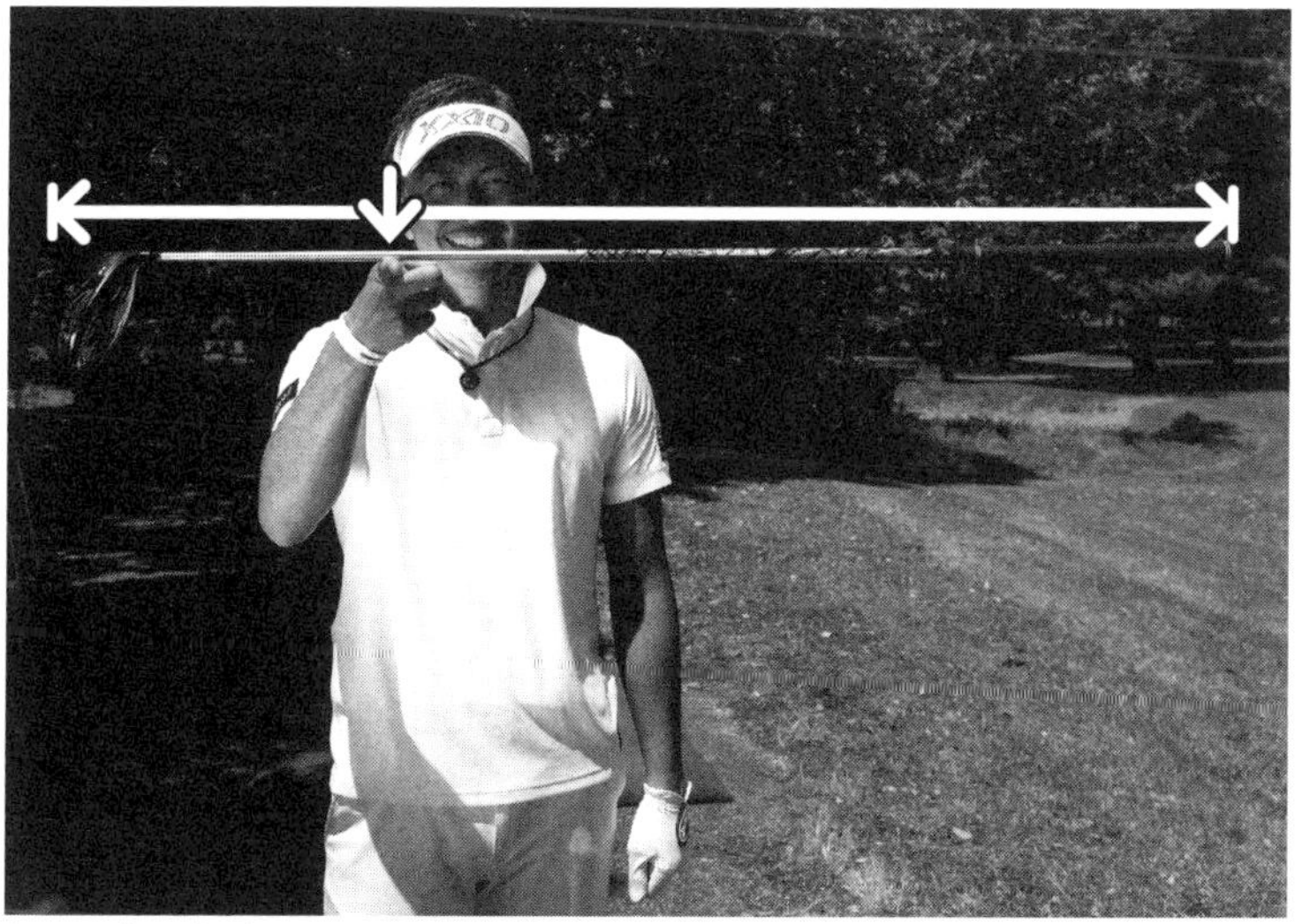

▶クラブの重心位置はシャフトのヘッド寄り

エンドとお腹は同じ距離を保ってください。

インパクトで安心してしまい、その先、体の回転をやめてしまう人をよく見かけます。それでは、ヘッドが余計な動きをします。だから曲がるのです。つまり飛距離は出ません。

インパクトの後、グリップエンドがお腹より右側にあったら、手を返さなくてはいけなくなります。逆にグリップエンドがお腹より左にあるようでは、フェースが閉じたままボールに当たることになります。

いうまでもありませんが、フェースの向きがまっすぐなら、ボールは曲がりません。**グリップエンドとお腹の距離が一定のまま、インパクト後も動いてさえいれば、ボールはまっすぐ飛ぶのです。**

インパクトで油断せずに、もう少し踏ん張ってみましょう。ここで生まれるしっかりとした捻転が、飛距離とまっすぐの飛びを生むのです。

シャフトが3時の位置まできたら、後は自然にクラブが上に上がってフィニッシュまでいきます。

お腹とグリップエンドの連動ドリル

インパクト後もしばらく、お腹とグリップエンドを一緒に回すためのいいドリルがあります。ハーフショットドリルです。

アライメントスティックを使うのが一番いいのですが、なければクラブ2本でやります。クラブの長さを2倍にするイメージで、クラブの後ろにスティック（もう1本のクラブ）を左わきに挟むようにして構えます。アドレスでは、体をシャフト（とスティック）が突

グリップエンドとお腹の距離は一定

▶インパクトで油断せずお腹と連動する

▶お腹との連動はフォローでも大切

き刺しているような感じになります。

ドライバーではなく、短いクラブのほうがやさしいので、まずは9番アイアンくらいからやってみましょう。ゆっくりとしたハーフスイングで、まずは素振りをしてみてください。フォロースルーも3時の位置まで。これができたら、50ヤードを打ってみます。

やってみるとわかりますが、お腹とグリップエンドがズレると、体がバラバラになってしまいます。スイングにならないくらいです。インパクト後、お腹が一緒に回っていかないと、スティックが体を押すように当たってしまうからです。9番ができたら7番アイアンでやってみてください。方向性もグンとよくなります。前述のハーフショットドリルで、気付いた方もいるかもしれません。アプローチのうまい人の動きによく似ていますね。

ツアーでいえば、申《しん》ジエプロのようにアプローチの上手な人は、アプローチでもグリップエンドとお腹の距離がアドレスからインパクト後まで変わらず、きれいに連動して捻転しています。どんなに難しいライからでも距離感がブレず、フォローで変に左手が抜けたりせずに打てるのは、これで入射角とフェースアングルが完全にコントロールできているからです。

このアプローチの延長線上で考えれば、先ほどのドリルもうまくいくはずです。フェースアングルの狂わない、グリップエンドとお腹の連動を、徹底的に体に覚え込ませましょう。

第2のフィニッシュでさらなる飛びを

「スイングはドラマだ」と前述しました。

ハーフショットドリル

▶スティックが邪魔しないようにハーフショットする

▶アプローチのように打ってみる

「始まりとエンディングが大切だ」と。このエンディング部分をもう少し長くしてみましょう。映画なら、ストーリーが終わった後、キャストやスタッフの名前が出てくるエンドロールといったらいいでしょうか。いい映画は、エンドロールの最後まで席を立たず、余韻に浸りたいものです。スイングもそうなると、さらなる飛びが生まれます。

具体的には、**僕が「第2のフィニッシュ」と呼ぶ動きができれば、一連の動作がより滑らかになります。**

インパクトからフォロースルーを経て、フィニッシュに至る。ここまでが通常のスイングの後半部分です。

けれども、スムーズで勢いのあるスイングをすれば、フィニッシュでシャフトが背中にピタリとついて止まるのではなく、反動で胸

の前に戻ってくるはずなのです。

いいショットをしたプロの動作で見たことがあるはずです。**「第2のフィニッシュ」ができたときには、ショットは曲がらず、飛距離も出るはずです。**

なぜナイスショットができるのか。左足の後ろ側がめくれたり、体重が右に残ったりするときは、体の動きに〝詰まり〟が出ています。動作が滑らかにつながっておらず、どこかに歪みができています。それでは「第2のフィニッシュ」はできません。

スピードの出ている車の制動距離が短いように、インパクトでトップスピードになったスイングは、フィニッシュまでいっても止まらず、反動で前に戻ってくるといえばわかっていただけるでしょうか。当然、ヘッドスピードも上がっているはずです。

フィニッシュまでいったら、下半身はそのまま、反動で胸の前にクラブが返ってくる。そんな全身の動きをできる方は、ぜひやってみてください。

ちょっと上級の飛ばしのコツ

少しリスクはありますが、できたらやってみると飛距離がさらに伸びるのが、**ダウンスイングでの左足の蹴りです。**

ダウンスイングに入ったときの左足カカトの蹴りを強くすると、回転運動をしているので反動で少し後ろに引くような形になります。

地面反力という言葉で表すのですが、50の力で踏み込めば50の、１００の力なら１００の反動が返ってくるので必然的にヘッドスピードが上がり、ボールは飛ぶようになります。

タテ、ヨコ、回転のすべてが効率よく体の出力になって返ってくると、いい換えてもいいでしょう。

ただし、最初に述べたようにリスクはあります。インパクトまでは同じ角度で保たなければならない前傾角度が、起きやすくなってしまうからです。左足の蹴りを入れながら、前傾角度をキープするには、強靭な下半身と体幹が必要です。けれども、できれば飛距離アップは確実という少し危険な技ですが、試してみて損はありません。

現代の主流、トランク（体幹）ローテーション

慣性モーメントが大きく直進性の高い現代のクラブでは、フェースの開閉は必要ない。

本書では冒頭からずっとその立場を貫いてきました。

基本はその通りなのですが、実は手首を返すことでフェースを開閉するアームローテーションが、間違っているということでは決してありません。

実際、アームローテーションを使っているプロゴルファーもいないわけではないからです。

ただし、プロのように練習量の多いゴルファーでなければ、アームローテーションを取り入れることには高い危険が伴います。なぜなら上半身の小さい筋肉で、フェースをコントロールすることになるからです。

一般的なアマチュアのみなさんのように、練習もラウンドもたまにしかしないゴルファーが、アームローテーションの細かい動きで打とうとすると、ミスが出やすくなります。だから、せっかくのクラブの特性を生かして打つほうがいい、という話なのです。

アームローテーションの対極にあり、現代のスイングの主流となるのがトランク（体幹）ローテーションです。

下半身の大きな筋肉と体幹を軸に、常にグリップエンドをお腹と連動させるこの動きは、ミスが少ないので月イチゴルファーにもお勧めできます。

現代のクラブをトランク（体幹）ローテーションで打てば、フェースアングルをコントロールできるので出球から曲がりません。パワーロスをせず、飛んで曲がらないショットがやさしく打てることになります。

COLUMN

星野陸也
トップでの背中は完全に目標方向

2020・2021年シーズン絶好調で、東京五輪日本代表の星野陸也プロは、水城《すいじょう》高校（茨城県）から日大へと強豪ゴルフ部を経てプロに転向。現在、大活躍しています。水城高校ゴルフ部では、僕の4つ下の後輩で、恩師、石井《いしい》貢《みつぐ》監督を誰よりも慕う者同士、度々連絡を取り合っている間柄です。

2021年には、関西オープン、アジアパシフィックダイヤモンドカップと早々に2勝して、ツアーを牽引する存在に成長しました。3度目の全米オープン出場も果たしています。最終予選にも、日本ではなくカリフォルニア州で挑戦。90人が5つの出場権を争う厳しい戦いを2位で突破して、トリーパインズゴルフコースサウスコースの本戦にコマを進めました。堂々のプレーぶりで予選を突破。26位タイに入り、底力を見せつけました。

世界に羽ばたきつつある星野プロのゴルフを支えるのが大きなスイングアークです。186センチの長身で手足が長い星野プロですが、さらに大きなスイングアークからスケールの大きなショットを生み出しています。

バックスイングでは、胸＝体全体でトップまで持っていったときには背中が完全に目標方向を向いています。

切り返してからは、下半身主導で腰を大き

く回転させて左に乗っていきます。体全体を回し、下半身から動くことで出力を大きくして飛ばしています。

体の回転を積極的に使った、若々しくダイナミックなスイングが、平均２９３・５ヤード（２０２０・２０２１年６月末のツアーデータより）の飛距離を生み出しています。

星野プロの大きなダイナミックなスイングは「右向け右」の動作から始まります。早い段階でチンバックというには大きい動きで、顔が右を向くのが大きな特徴です。これは、アマチュアのみなさんにもぜひ、マネして欲しい動きです。なぜなら、早い段階で顔が右を向くことで、体が硬い人でも状態が回転しやすくなるからです。

体が回れば回るほど、下半身の伸び縮みは大きくなります。もちろん前傾角度が変わらないというのが大前提ですが、飛んで曲がらないスイングができるのです。インパクトまで体が浮き上がらず、前傾角度を保っている星野プロのスイングは、まさにお手本です。

早く右を向いてバックスイングをすることで、上半身と下半身の捻転差は大きくなります。腰が回るので、下半身の大きな筋肉がアクセル役を果たしてくれるから飛距離が出ます。しかも曲がらないとくれば、無敵です。

右を向くことに違和感を感じる人以外は、この「右向け右」を積極的に取り入れましょう。体に無理な動きを強いることのないこの始動なら、ケガの予防にもなります。自然に体を回すことのできる「右向け右」スイングをルーティンにすることで、プレッシャーのかかる場面でも飛んで曲がらない動きができるようになります。

COLUMN

星野プロは「ガニ股バックスイング」（98ページ参照）も実践しています。大きなスイングアークでも下半身を緩めることなく、大きな筋肉を使えているのです。

下半身がバタバタと動きすぎて緩んでしまう人や、左ヒザが右ヒザに近づいてしまう人は、腰と肩の捻転差を作り出せません。上体が回転しているように見えても、下半身の踏ん張りがきかず、捻転差でできるパワーがありません。ダウンスイングで左腰が引けて体が早く開いてしまい、フェースの芯を捉えられない。だから飛ばないのです。

大きなスイングアークから飛距離を生み出すには、上体が動きすぎないように我慢しなければならないポイントがいくつかあります。ここで下半身が踏ん張らないと、せっかくの大きなスイングアークが無駄になってしまうからです。星野プロは、下半身の大きな筋肉を使って、動かすところは動かす、我慢するところでは我慢するメリハリのある動きを自然にできています。飛距離の出ない人とは対照的です。

松山《まつやま》英樹《ひでき》プロとともに東京オリンピックにも日本代表として選ばれました。コロナ禍の中、全米オープン、日本プロ、全英オープンというハードスケジュールの後、霞ヶ関カンツリー倶楽部で大会開幕を告げる第1組の第1打を打ったのです。

結果は38位でしたが、最終日には5バーディ、ノーボギーでプレー。「感じたことや学んだことがたくさんあるので次のツアーに生かしたい」と、コメントしていました。そのポテンシャルが、さらに大きな舞台で生かされる日が楽しみです。

第5章
飛ばしのコースマネジメント&飛ばしのメンタル

①前向きな気持ちが飛ばしにつながる

足を止めずにチャレンジし続けることの意味～青木瀬令奈プロの2勝目に学ぶ～

「足を止めずに、チャレンジし続けてきて本当によかった。あきらめることをあきらめさせてくれてありがとう」。２０２１年6月、宮里藍サントリーレディスで4年ぶりに優勝を飾った青木瀬令奈プロの言葉です。表彰式のセレモニーがすべて終わった後、僕に向かって真顔でしみじみといってくれました。

２０１７年ヨネックスレディスでツアー初優勝をした後、僕と一緒に様々なことを試み、練習を重ねてきた青木プロでしたが、なかなか2勝目には手が届かないまま歳月ばかりが過ぎていきました。

毎年、毎年、若く力のあるルーキーが入ってくる日本の女子ツアーの現状は、裏を返せば同じだけの人数がそこから押し出されていくことを意味しています。２０２１年2月に28歳の誕生日を迎えた青木プロも、気が付けば〝ベテラン〟と呼ばれるようになっていました。

競技年齢が長いのがゴルフのいいところ。青木プロもジュニア時代から試合で活躍し、プロになってからも息の長い競技人生が待っている。そう信じてプレーを続けていました。

「あきらめることをあきらめさせてくれて ありがとう」

前向きにチャレンジして２勝目を
手にした青木プロ

けれども、高校を卒業したばかりのひたすら前向きな18歳、19歳のプロたちは怖いもの知らずで、時には脅威さえ感じさせます。青木プロもまだ28歳とはいえ、その若者たちに比べれば、疲労が取れにくくなったり、可動域が狭くなったりということを感じるのも当然ではありました。

先輩だけでなく、同世代の仲間たちも、ツアーから少しずつ姿を消していく。そんな状況もジワジワと焦りを生みます。踏ん張りながらも結果が出ないことで、青木プロは人知れず悩んでいました。

コロナ禍で、それまでの「当たり前」の日々があっさりなくなることを世界中の人々が実感した２０２０年。ツアープロたちも、あるはずの試合がなく、いつ再開されるかもわからない状態に追い込まれました。アスリートは〝本番〟に向けて調整するものなのに、その〝本番〟がいつになるかがわからない。苦しい状況です。

後半になってようやく試合が戻ってきても、お客さんを入れることはできない。そんな中、青木プロはプレーヤーズ委員長として、選手とツアーの間に立ったり、選手とファンをつなぎ続けたりしながら、自分のゴルフと向き合っていました。

それでも、なかなか結果が出ない。２０２1年に入ってからは「引退」という言葉を、何度か口にするようになっていたほどです。それだけ、苦しかったはずです。

そんな青木プロを身近で見ながら、僕はその背中をひたすら押し続けました。「君ならできる」。毎日、毎日、呪文のように……。サントリーレディスで、絶好調の稲見萌寧プ

「君ならできる」といい続けて
勝利をつかむことができた

ロ相手に優勝争いをしているさなかにも、何度、そう口にしたかしれません。

こうもいっていました。「変化の先に進化あり。常に行動し、前を向いて変わっていこう、その先に進化があるよ」と。こうして青木プロは、悩みながらも前を向いて歩き続けました。

46ページのコラムで書いたように、優勝の前週、予選落ちしたことで初心に返ることができました。試行錯誤を繰り返すことも、前向きな変化のひとつです。思い切った試行錯誤が、優勝に結びついたのは前述の通りです。

激戦を制して勝った青木プロは、インタビューで、急に声を詰まらせました。勝てなかった4年間に話が及んだ瞬間、それまでの笑顔が一転し、涙を流したのです。そのシーンに感動したという方も多かったようです。苦しかった時間を乗り越えて、やっと手にした2勝目。それが実感できた瞬間でした。

冒頭の言葉は、そんなインタビューも、表彰式も全部終わった後で、ゆっくりと聞いたものです。僕の心に深く刻み込まれました。

レッスンが主体の本書で、青木プロの言葉とエピソードをご紹介したのは、これがアマチュアゴルファーのみなさんにも当てはまる部分がたくさんあるからです。

常に変化を求めて前向きに行動すること。自分ならできると、背中を押され続ける（自分で押し続ける場合も）こと。まとめると、あきらめることなく前に進むということ。これは、ゴルフだけでなく人生にも必要なことなのではないでしょうか。

ライフタイムスポーツのゴルフを、アマチュアとして楽しむのなら、常にこういう気持

「変化の先に進化あり」です！
澁澤《しぶさわ》莉《り》絵留《える》プロとも
コーチ契約
ARCHIVIO

常に変化を求めて前向きに行動することは
アマチュアにもよい効果をもたらす

SRIXON
XXIO

ちを持っていると、小さな変化が進化につながるのが見えると思います。積極的に何かすることで、最初は目に見えない小さな変化が、気が付くと大きな進化につながることは少なくありません。

競技ゴルフであれ、エンジョイゴルフであれ、その中でベストを尽くす気持ちを持ち続けてください。自分と向き合いながら、飛距離を求め、技術を求める。仲間との勝負を楽しみ、自然を満喫する。今日よりも明日、明日よりも来週、今年よりも来年という気持ちを持つ。アンチエイジングではなくウィズエイジング。重ねる年齢と向き合うことで、毎日アップデートされる自分が見えてくるはずです。その中で、前を向くことを忘れないでいてください。それこそが、長くゴルフを楽しめることにつながります。ゴルファーにとって、それは人生を楽しむことそのものなのではないでしょうか。

初心に返った青木プロの飛距離は、それは見事なものでした。優勝争いの相手である稲見プロは、青木プロよりも大きく、体幹も鍛えられています。年齢も若いその稲見プロに遜色のないドライバーショットを、あの試合で青木プロは見せてくれました。２４０ヤードは飛んでいたでしょうか。無観客だったのが本当に残念です。

身長１５３センチ、ヘッドスピード39m/sと、プロの中でも小柄でパワーがあるとはいえない青木プロですが、効率のいい飛ばしを追い求め、常にそこに向かって努力しています。その結果、効率のいいオンプレーンを手に入れて、プレッシャーのかかる場面でこれだけの飛距離が出せたのです。

▶ウィズエイジングでベストを尽くそう

▶前向きな変化がもたらすものは大きい。左は青木プロと仲良しの成田美寿々プロ

考え方次第で、人間はいくつになっても進化できます。青木プロの2勝目とその後の言葉は、それを証明してくれています。みなさんもぜひ、やってみてください。ゴルフだけでなく毎日が変わってくるはずです。

うまくいく雰囲気作りが成功を呼ぶ

スイングコーチとして活動している僕ですが、実はメンタルトレーナーとしても活動しています。メンタルトレーニングという視点からお話しすると、**ゴルフでは、雰囲気作りがとても大切なのです。**

アドレスの項（40ページ）で、引き寄せアドレスについてお話ししたのをご記憶でしょうか。「いいショットが出そうなアドレス」「飛びそうなアドレス」「パットが入りそうなアドレス」などとよくいいますね。あれです。ターゲットをしっかり向いていること、理にかなっていること。そんな理にかなっている部分だけでなく、自信を持って構えているから、という部分もとても大きな意味を持っています。

繰り返すようですが、ゴルフはミスをするスポーツです。どんなトッププロでもミスは出る。緊張している場面であればなおさらです。そのミスをどれだけ減らすことができるか。ゴルフは、それを競うゲームでもあります。だからこそ、成功する確率を上げてくれる雰囲気作りが必要なのです。

ミスショットをした後に「そんな気がしたんだよな〜」などという人をよく見かけます。「そんな気がした」のなら、仕切り直せばいいのです。なのに、そのまま打って本当にミ

ゴルフはミスのスポーツだからミスの原因を減らす

どんな場面でもミスしそう
と思ったなら仕切り直す

スをしてしまうなんて愚の骨頂。見ている側からいえば、「ミスを引き寄せてしまう雰囲気」が出まくっています。それなのに、そのまま打つなんて……。ミスをする流れを自ら作ってしまっているのですから、うまくいかないのは当然なのです。こんなネガティブな雰囲気作りはやめて、成功する雰囲気作りを心がけましょう。

緊張を受け入れ、今できることをする

では、ミスを引き寄せず、成功する雰囲気を作るにはどうしたらいいのでしょう。百戦錬磨のプロでも緊張する朝一番のティショットを例に考えてみましょう。

緊張したら、それを素直に受け入れることです。緊張しているのに気付かないふりをしたり、緊張を消そうとしたりするのは、背伸びをしていることになります。現状を否定するのは、自分を否定するのと同じこと。先に進めません。最後にしっかりと緊張している自分を受け入れた上で、気持ちを作ることが大切です。

緊張している自分を受け入れられたら、その時点で自分に何ができるかを考えて実行します。深呼吸をして体の力を抜いて、思い切ってコースに向き合って構えてみる。

その瞬間、どんな気持ちになるのかは人それぞれです。けれども、自分を受け入れ、その中でベストを尽くすことを考えて構えたことで、気持ちは「Go to play golf game」になっているはずです。これが何より大切です。

緊張しているのにそれを受け入れられなかったり、それに気付きもしなかったりしてガ

チガチのまま構えたのでは、振れるものも振れなくなってしまいます。逆に、緊張を無理に消そうとして力を抜いてみても、今度はヘニャヘニャの状態でボールを打つことになってしまいます。

おなじみの朝一番のチョロも、朝一番のOBも、体だけでなく心の準備が整っていないから起きることが多いのです。

優勝争いや、大切な場面などでも同じことがいえます。緊張がより大きくなるところだからこそ、一息ついてみる。緊張が大きいときには、深呼吸だけでなく、ウォーターローディングといって一口、水を飲むのもいいでしょう。まずは、緊張している自分を受け入れましょう。そうすることで、緊張が楽しめるくらいになったらしめたものです。

プロゴルファーは、常に極度の緊張にさらされています。プロテスト、シード権争い、優勝争い、タイトル争い、メジャーでのプレーなど。他のアスリートもそうですし、舞台の上の俳優さんなども同じことです。

試合中の態度も人それぞれ。ボールを打つ瞬間以外は、全く関係のない話をしているプロも珍しくありません。「昨日何食べた？」「今日の夕飯何にしよう」「この辺でオイシイ店教えて」などの定番食事ネタから、プライベートの話。ハナ歌を歌いながら歩く人もいます。シニアプレーヤーになると、お客さん相手に話しかけることもよくあるようです。これが、ボールを打つときには一転、ものすごい集中力を見せる様は圧巻です。

プロとは違って、アマチュアのみなさんのプレーには、賞金などかかっていません（当たり前ですが）。けれど、仲間との勝負や自分のプライド、ベストスコアへの挑戦、コンペの成績、多くの人の前で打つ……などなど、プロとは違うプレッシャーのかかる場面はいくらでもあります。池越え、バンカー越え、狭いフェアウェイ、チラつくOB杭、ガケなど、プレシャーのかかるシチュエーションもたくさんあります。

　でも、それもゴルフの一部です。緊張も含めて、思い切り楽しめるようになれば、楽しみはさらに広がるはずです。

　目の前のボールと向き合う瞬間以外は、自然を楽しみ、鳥の声に耳を傾け、花を愛でる。遠くの山々に目をやり、流れる雲を追いかける。もっともっとゴルフを楽しむことができれば、緊張感ともうまくつきあえるようになるコツでもあるのです。

シンプルな素振りが一番

　ゴルフでは、実際にボールを打っている時間はほんの少ししかありません。それ以外の時間で一番長いのは、歩いている時間。それも含めて、色々なことを考えたり、頭の中を空っぽにしたりしながら18ホールをプレーします。

　ボールを打つ前に多くの人がする素振りは、ボールを打つ前の準備の時間。全く素振りをしないルーティンの人もいますが、準備のための素振りをするなら〝本番〟のショットに生きるようにしたいものです。

　素振りにも色々ありますが、**お勧めしたいのは、シンプルな素振りです。**ボールを打つ直前になって、色々考えてしまうのは決していいことではありません。チェックポイントが多すぎたり、NGを考えすぎたりしているうちに、体が固まってしまい、始動からいいスイングができなくなるからです。

ボールのところに歩いていきながら、周囲の様子をチェックするのは基本の〝き〟です。ティグラウンドでも同じです。

ボールの向こう側の光景、グリーンまでのおおよその距離や、その間の障害物などをざっと見る。左右の状況やバンカーの位置。池やクリークの有無や大きな木などがあるかどうか……。最終的にライを確認して（ティグラウンドならティアップの位置を決めて）クラブを選択したら、ボールの後方から飛球線方向をもう一度見る。その後、ボールに構える位置から一歩後ろに下がって、何も考えずに素振りをします。その後、自然な流れでボールを打つ。これが大切です。

何度も何度も素振りをすると、せっかく頭に入った情報が消えてしまいます。素振りをしているうちに力が入ってしまったり、ネガティブなことを考えてしまうのもよくありません。

　せっかく素振りをしたのに、いざボールを本当に打つときには、全く違うスイングをしてしまう人もたくさんいます。

「いいショットをしたい」「これで寄せればバーディだ」「グリーンに乗せたい」「池に入れたくない」などと、様々な気持ちが強くなりすぎてしまうからなのですが、力が入り、ミスショットにつながります。

　無欲というのは実は一番難しいのはわかっています。それでも、ボールを前にしても素振りと同じスイングができれば、成功確率はグンと上がります。素振りからの自然な流れをぜひ、ルーティンにしてください。

青い炎を心に燃やすイメージ

　今さらいうまでもないことですが、人間の心と体は連動しています。気持ちが落ち着かなかったり、緊張すると力が入るし、リラックスして力を抜くことで、逆に体がパワーを発揮することができる。

　僕はこれを**「心に青い炎を燃やす」**という風に表現します。

　夜空の星も、赤いものよりも青い星のほうがずっと高い温度なのです。ゴルフをするときも同じです。

　情熱や、やる気を真っ赤に燃え盛る炎のように燃やすのではなく、静かな青い炎として心の中に燃やすほうが効果的。同時に、この

静かな青い炎を心に燃やしてみよう

炎が燃えた心の重心をぐっと下げることで、効果的な下半身の大きな筋肉をうまく使えるようになります。

アドレスに入るとき、お腹、臍下丹田のあたりを手のひらで触ってみてください。青い炎を意識するのです。これが、飛ばしにつながります。

映像としてイメージしてください。焚き火のような温かい赤い炎ではなく、静かに燃える青い炎を心に燃やすことを。そう、漫画なら臍下丹田のあたりに青い炎がエネルギーをため込んでいるのが描かれている感じです。

手でクラブを振り回す「マン振り」ではなく、青い炎でお腹を温めるようにして五感を研ぎ澄まします。青い炎の燃えているお腹には、常に力を入れます。飛ばしたいホールでは特にこれを心がけましょう。

勝つか学ぶか

目の前のプレーもそうですが、その先に対するポジティブシンキングと創意工夫は、ゴルフではとても大事です。繰り返すようですが、ゴルフには「勝つか負けるか」という言葉はないと僕は思っています。「勝つか学ぶか」それだけです。

トッププロの厳しい勝負の世界では、もちろん勝負は重要です。けれども、負けたことで学ぶことはとてつもなく大きいというのもまた事実です。

負けグセがつくのはいいことではありませんが、負けたときにそこから何を学ぶか。これが何よりも大切です。

敗北をただの敗北にせず、次への糧とする。そんな人だけが、プロの世界で生き残ることができます。

アマチュアのみなさんにとって、ゴルフが持つ意味はそれぞれだと思います。真剣に競技をする人、仲間とプレーする時間を楽しむ人、自然相手の時間を満喫する人など。

けれども、それぞれのゴルフの中で、やはり毎回、学びはあるはずです。

「なぜうまくいったのか」を考えると同時に「なぜうまくいかなかったのか」を考える。

自分のクセを生かして武器にする、という話を本書の最初に述べました。クセをネガティブに捉えて無理に直すのではなく、クセを生かしてそれに合ったスイングを身につける、ということでしたね。

負け＝失敗から学ぶというのは、決してクセを無理に直すという話ではなく、自分のゴルフができなかったことに対する反省と、どうしたら自分のゴルフができるかを考える、という意味です。

クセを無理に殺したり、矯正したりしようとするのは、実はとても怖いことです。なぜなら、体に無理を強いるからです。

結果的に、このことが原因でイップスになってゴルフをやめてしまう。そんな例も、意外に多かったりします。

クセを知って武器にするというのは、長くゴルフを楽しむという意味でも大切なことなのです。

▶長くゴルフを楽しむためにクセを武器にする

②スマートなコースマネジメントで飛ばす

一番前よりフラットな場所にティアップ

「飛ばし」を追求するときには、同時に方向性も考えなければなりません。フェアウェイに打たなければカウントされないドラコンほどではなくとも、次のショットが打ちやすくなければ意味がないからです。どんなに飛ばしても、ＯＢや池、次が狙えない場所では、スコアにつながりません。

球筋はもちろんですが、グリーンから逆算して考えるようなコースマネジメントも必要です。

コースマネジメントの最初のポイントが、どこから打つかを自分で選べるティショット。ティマークで示されたティイングエリアは、実は考えているよりも広いのです。

どの色のティでプレーしているにしても、左右のティマークを結んだ線から後方に２クラブレングス（クラブ２本分）の広さの仮想長方形がティイングエリアです。

少しでも遠くに飛ばしたい気持ちから、２つのティを結んだ線ギリギリにティアップする人をよく見かけます。でも、ちょっと待ってください。ティアップした場所のライはどうなっていますか？

ティイングエリアは、必ずしもフラットで

はありません。ティアップしてアドレスしてみたら、つま先下がりだったり、つま先上がりだったり。前上がり、前下がりのことも珍しくありません。

傾斜のあるライからでは、下半身の対角線理論∞（インフィニティ）が使えなくなり、左右平行にしか動けず、飛距離が出ません。**後方に広いティイングエリアの中で、なるべく平らで、下半身の使えるライを選んでティアップするのが、飛ばしのためのティショットの基本です。**

ティマークにだまされない

もうひとつ、**必ず気にして欲しい基本がティマークの向きです。**意図的な場合もそうでない場合もあるのですが、ゴルフ場のティマークは、とんでもない方向を向いていることが少なくありません。ティマークというか、ティマークが示す仮想長方形の向きといったほうがわかりやすいでしょうか。

ゴルフに慣れた方なら、だまされてはいけないとわかっているティマークの向き。けれども、無意識に2つのティマークを見てティアップすると、ナイスショットのはずが、池に向かって一直線、あるいは林の中に飛んでいってしまった。そんな経験は誰しも持っていることでしょう。

多くのゴルファーがわかっているのに、ティを刺してボールを置くと、ボールとティマーク2つを結んだ仮想の線の中にとらわれてしまうのです。これではどんなに「飛ばし」を頑張っても、無駄になってしまいますのでくれぐれも気をつけてください。

ティイングエリアのどこに立つかが重要

ティイングエリアに立ったら、まずはホール全体をよく見ます。ホール案内や乗用カート画面、スマートフォンなどで見られるホール図をチェックしている人も多いかもしれませんね。

でもティイングエリアに立って、二次元ではなく**三次元のホール全体を頭に刻み付けましょう。**

次に、どこに打ちたいかのターゲットを決めます。

「左バンカーの手前」「正面の一本松の右方向」などというポジティブなものにするのがポイントです。「右の林はダメ」「左はＯＢ」「池が怖い」などというネガティブなものは、思えば思うほどそこを意識してボールがいってしまうので気をつけてください。

やってみるとわかりますが、ティイングエリアは、立つ位置によって見える光景が全く違います。それほど広くないティイングエリアでも、右に立つのか左に立つのかで、ホールの印象が大きく変わってくるのです。

右側に立つと、ホールの左側を広く使えます。右の林を避けながら左からフェードボールを打ちたいとき、右ドッグレッグのホールなどでは、ティイングエリアの右側に立つのが有効です。

左側は逆に、ホールの右側を広く使えます。左ドッグレッグのホールでドローボールを打ちたいときなどはこちらがいいでしょう。

もちろん、右に立っても左に立っても、最

ティイングエリア
では広く三次元で
ホールを見る
TFW49

右側を使う

左側を使う

初に述べたようにできるだけ平らな場所を探すのは大前提です。ティマークはティイングエリアを示すただの印に過ぎません。これにだまされることなく、自分のターゲットに向かってしっかりとアドレスすることが大切です。

スパットでアライメントを決める

ティアップする場所が決まったら、大事なのはアライメント（向き）です。「ターゲットに向かってしっかりとアドレス」と書きましたが、これがなかなか難しいのです。なぜかというと、ゴルフはターゲットに正対せず、横向きで構えて打つからです。

ボールをティアップする場所が決まったら、まず後方からボール越しにターゲットを見ます。

次に、ティアップしたボールとターゲットを結ぶ線上、ボールの50センチほど先に目標を見つけてください。芝が1本立っているのでもいいし、芝の色が変わっているのでも、折れたティが落ちているのでも構いません。

アドレスの動作をしているうちに、遠くのターゲットに対してアライメントがズレてしまっても気付かなくなるのが、構えても横目で見られるスパットを作ることでズレにくくなります。

競技以外で、練習に徹するラウンドなら、ティアップしたボールの15センチ先にもう1本ティを刺してみるのも効果的です。

いつも通りにボールを打つのですが、インパクト後に2本目のティ（前方のもの）にソールが当たるように振り抜くことで、よりタ

アライメントをよく考える

ーゲット方向に打つことができます。

練習場でティが刺せるなら、もちろんやってみてください。この方法は、アライメントだけでなく、飛距離アップにも効果的です。**2本目のティを打つ意識を持つことで、インパクトゾーンを長く取ることができるからです。**フォロースルーでのスイングアークが大きくなり、さらに飛ぶというわけです。

ターゲットをきちんと意識せずに、何気なくアドレスしてしまうと、アライメントが左右にブレることも少なくありません。

アドレスで右肩が下がりやすいフッカーは、右を向いてしまいがちです、スライサーは、アドレスで右肩が前に出ることが多いので、知らないうちに左を向いてしまうクセがあります。

せっかくボールの後方からターゲットを見たのに、アドレスの動作の中で肩のラインが崩れ、それに連れてモジモジとスタンスもズレていくことが多いのです。

一度、しっかりターゲットに向かってアライメントを決めたのに、最後にもう一度ターゲットを見たために、向きが変わってしまうこともあります。最後にターゲットを見るのが悪いわけではありませんが、自分を信じることが大切です。

ターゲットを決めてスパットを見つけ（練習なら15センチ前にティを刺したら）足、ヒザ、腰、肩のラインを合わせて、潔く振る。グズグズしているうちに体も固まり、アライメントもズレやすいので、リズムよく打っていくのがポイントです。

体全部のアライメントをチェック

スタンス、ヒザ、肩の向きをそろえる

歩く時間を大切に使う

18ホールをプレーしても、実際にボールを打っているのはほんのわずかです。同伴競技者のプレーを待っている時間もありますが、4時間から5時間といわれるプレー時間のほとんどは、歩いているのがゴルフです。

近頃は、日本でも乗用カートでプレーする機会が多くなりましたが、健康のためにも、プレーのリズムのためにも、できるだけ歩いてプレーすることをお勧めします。

カートでボールのところに行って打つより、歩いていくことでリズムが整います。

打ったボールを探すにも、カートに乗ると視線を1回切ることになってしまいますが、打ったまま歩いていけば、まっすぐにボールに向かえる利点もあるからです。

ただし、歩くときには胸を張って少し大股でリズムよくいきましょう。猫背だったり、下を向いていると、体が縮こまってしまいます。そればかりか、ゴルフ場の気持ちよさを味わうこともできません。

胸を張って堂々と大股で歩くことで下半身の筋肉も活性化します。スイングで重要な役割を果たす下半身の大きな筋肉の準備が整うというわけです。

ずっと歩いていると疲れてきてスイングに影響する方も多いですが、疲れにくい歩き方をすれば防げます。ポイントはヒザから下でペタペタ歩くのではなく、左右の骨盤を前に出しながら歩いてみてください。そのときにハムストリングスを意識できるとより効果的です。

リズムとテンポは、ゴルフをプレーする上

大股歩きで下半身の筋肉を活性化

▶胸を張って少し大股で歩く

▶猫背では体が縮こまる

で、何より大切です。ショットとショットの間も準備の時間。楽しい時間を満喫しながら

胸を張って堂々と大股で歩いていくことを忘れず次のショットに備えます。

③心の重心を下げる

気持ち先行ではなく脳の指令を体にしっかりと伝える

緊張したり、特に飛ばそうと気負ったときほど「心の重心を下げる」というお話をしました。

「頭に血が上る」「頭の中が真っ白になる」などと昔から表現されてきました。気持ちばかりが先行してしまうから起きる現象です。

こうなると、上体が詰まって、ヘッドスピードを加速できなくなります。

理想は、気持ち先行ではなく、脳が体にしっかりと指令を出せることです。そうすることで初めて、準備を整え、パフォーマンスにつなげる指令を脳が出せるようにすることです。

そのためには、はやる気持ちを一度、落ち着かせる必要があります。気持ちがニュートラルになれば、自然体になって脳の指令に素直に従えるからです。上体に力を入れるのではなく、臍下丹田に力を入れてスイングする。こうすれば、ヘッドは走り、フェイスアングルの管理もしっかりできます。

腹式呼吸を試みる

具体的には、どうやって心の重心を下げた

らいいのでしょうか。それは**呼吸を整えることです。**人間は緊張すると呼吸が浅くなり、心拍数が上がってしまいます。手が震えたり、動かなくなったりするのはそのためです。

呼吸を整えるに一番簡単な方法は深呼吸です。鼻から吸って口から吐く。腹式呼吸です。口から大きく息を吐けば、自然に鼻から入ってきます。できるだけ長く深く吐くことを意識しましょう。臍下丹田も意識できて心拍数は下がり、手の震えも収まります。

青木プロが優勝争いでもした深呼吸

ツアーで戦うプロたちも、緊張した場面ではやはり心の重心が上がってきます。それを下げることができれば、いつも通りのいいパフォーマンスができますが、意外にプレーヤー自身は気付かないものです。それが緊張ということでもあるのですが。

青木瀬令奈プロのコーチとして、そしてキャディとしてツアーに帯同している僕は、そんなときに心の重心を下げる役割も担っています。

4年ぶりに優勝した2021年宮里藍サントリーレディスでも、そういう場面は何度もありました。そんなときは「ドリンクを飲もうよ」とか「おいしいグミがあるから食べない？」とか「深呼吸しようか」「もう1回、素振りをしてみて」などと声をかけて、一息入れられるように促します。

最終日だけで10回はそんなことがあったでしょうか。そばで見ていると、心の重心が上がってきたことも、一呼吸入れたことでそれがしっかり下がったことも、ものすごくよくわかります。見た目では、首の長さが全く違うからです。

「どっしりとした下半身とキリンの首」が理想なのですが、心の重心が上がってしまうと、首はカメのように短くなります。心の重心が下がると、これがキリンに近づくのです。極端なたとえですが、それほど体の状態が変わってしまうのです。

みなさんがツアーの優勝争いをテレビで見ていても、わかることが多いと思いますよ。

呼吸にフォーカスする

一呼吸入れるタイミングはいつでも構いません。同伴競技者が打っているときや、グリーンが空くのを待っているときなど、時間があればあるほど力が入り、心の重心は上に上がりがちです。だから、すき間時間にドリンクを飲んだり、アメをなめたり、何か口に入れたり深呼吸などをすることで、気持ちが乗ってくるようにしましょう。**呼吸にフォーカスすることで、流れがよくなり、いいパフォーマンスができます。**打つときに呼吸は止めないほうがいいでしょう。リラックスして、大きく息を吐きながら打てれば、さらにパワーを集中させることができます。

セルフトーク（ひとりごと）のススメ

最近、よく耳にするセルフトークもお勧めです。セルフトークとは自己対話のことを意味し、メンタルトレーニングではよく使います。自分の行動の裏にどんな考えがあったかのか、などを振り返ることです。ゴルファー

セルフトークもお勧め

自分自身と対話しながらプレーする

なら、ゴルフ日記のようなものを書くことで、自分のプレーと、そのときの考えを見つめ直している人が少なくありませんが、あれもその一種だといえるでしょう。

ただ、ここでいうセルフトークは、そこまでのものではなく、プレー中にできるいわゆるひとりごとです。

例えば、ティイングエリアで「右は危ないから左のバンカー方向を狙っていこう」などと実際に口に出すことです。

頭に浮かんだコースマネジメントを口に出すことで、脳からの指令を体に伝えやすくするのです。これで自分のゴルフを導いていきます。

マスターズで優勝した松山英樹選手も、セルフトークをしているという話を聞いたことがあります。

ただし、**口にする内容はできるだけポジティブなものにしてください。**「このクラブなら池を越えていける」「右のバンカー方向、しっかり当たれば越えるはず」「ご神木の右側は狭いけどベストポジション。自分の球筋なら大丈夫」などと、常に前向きなセルフトーク。ちょっとアヤシイ人だと思われるかもしれませんが、自分をコントロールするためにも上手に使ってください。

ポジティブシンキングがベター

ポジティブなセルフトークだけでなく、常に前向きな気持ちでプレーをすることは本当に大切です。

前にも述べましたが、緊張は決して否定しないこと。緊張しているという事実はしっかりと受け入れ、その上で緊張を楽しめれば最高です。

弱い自分を受け入れる、といい換えてもいいでしょう。その上で前向きになるのです。

「自分はこんなに緊張しているけれども、それは当たり前のこと。こんなに緊張するのも、優勝争いができているから」と考える。

「緊張しているから深呼吸しよう。あ、心の重心が下がった」。こんな風に自分でコントロールできたら最高です。けれども、先ほど述べたように、毎日のようにゴルフをしているプロでも、自分のことが自分ではわからなくなってしまうものです。その様子をテレビなどで（もちろん生で観戦できれば一番いいのですが）見ているうちに、自分のこともわかるようになるかもしれません。

心の重心が上がってしまっていることがわかるひとつのバロメーターとしては、息が止まってしまっているかどうかでしょうか。素振りをした後、自分の呼吸を確認してみてください。止まっていたり、浅くなっていたら、そこで一息。パフォーマンスが全く違ってくるはずです。

もちろん「飛ばし」でも同じことです。ドラコンホールでは、ほとんどの場合、飛ばす気満々すぎて心の重心が上がっています。

まずは、深呼吸。「飛ばしたい」ではなく「自分なら飛ばせる」と前向きに考える。その上で、漠然とフェアウェイを狙ってクラブを振り回すのではなく、しっかりと狙い目を狭めて打ちます。もちろん「どっしりとした下半身とキリンの首」を忘れずに。カメだと思ったら仕切り直すことです。

大西翔太ドライバーショット —

渋野日向子
ヒジ下アドレスはアマチュアのお手本

2019年全英女子オープン優勝の渋野日向子プロ。メジャータイトルだけでなく、〝スマイリング・シンデレラ〟のニックネームも世界中に知られる人気者となりました。

その年は日本でも賞金女王争いを演じるほどの大活躍。米ツアー目指してさらにステップアップするシーズンになるはずだった2020年が、新型コロナウイルス感染拡大というまさかの事態に襲われたため、予定の変更を余儀なくされています。東京五輪代表争いも、最後の最後まであきらめませんでしたが、残念ながら落選。

ステップアップを証明したのが、2020年の全米女子オープン。開催時期が予定より半年遅れの12月半ば。第3ラウンドを終わってメジャー2勝目を狙える位置につけたのはご記憶の方も多いと思います。渋野プロ本人もその期待を胸に最終ラウンドに臨みました。

ところが、悪天候と最悪なコンディションにより、残念ながら思うようなプレーができず、4位に終わりました。

全英優勝後、取り組んだスイング改造はまだ道半ば。アプローチの上達は目覚ましいものがあります。

さらに、潔いプレーぶりと〝シブコスマイル〟は健在。〝世界〟の舞台で再びファンを沸かせてくれる日に向けて一生懸命練習しています。

渋野プロは何といってもアドレスが素晴らしいプレーヤーです。両ヒジがきれいに下を向き、胸の前できれいな三角形を作っています。これが全く崩れないままの効率のいいスイングができるのです。この〝ヒジ下アドレス〟こそ、渋野プロの真骨頂なのです。

左右のヒジが下を向くことで、ヒジと体が連動し、きれいな回転運動ができます。両ヒジが横（外側）を向いてしまうと、体との連動がうまくいかなくなります。

アマチュアの方に多いのが、このヒジが横を向いてしまうアドレスです。横を向いてしまうと、前述のように体との連動ができないことで、スイングプレーンから腕が外れてしまいます。渋野プロのアドレスをよく見て、いつもイメージするようにすると、ヒジと体の連動がうまくいくようになるはずです。

大西葵
トップでの掌屈をマネてみる

僕の2つ下の妹、大西葵は、子供の頃から負けず嫌い。プロ向きの性格でした。一足先にゴルフを始めていた葵の姿を見たことが、僕がゴルフを始めたきっかけです。

妹ですから、葵のスイングは誰よりもよくわかっていますが、みなさんにマネして欲しいポイントがひとつあります。トップでの掌《しょう》屈《くつ》がそれです。

トップ・オブ・スイングでは、左手首は平行（折れない）か、少し手のひら側に折れるのが理想です。こうすることによってボールがつかまりやすくなり、楽に飛距離を出すことができるからです。

トップで甲側に左手首が折れてしまうと、フェースが開いたままダウンスイングに入ってしまうので、出球がとんでもなく右に出る危険があるのです。

この掌屈が自然にできているのが葵のスイングです。

トップでの掌屈は、意図的にするのは難しいのでやめたほうがいいでしょう。意図的にするのではなく、自然に掌屈できる方法を考えるのが一番です。

そのためにはまず、コンパクトなトップを心がけます。やってみるとすぐにわかると思いますが、オーバースイングになると、どうしても左手首は甲側に折れます。無理をして最後に手首で持っていこうとするからです。そこまで無理をせず、背中を飛球線方向に向けられる最大のところが自分のトップ。そう考えれば、無理のないコンパクトなトップで、左手首が甲側に折れることはあまりなくなります。

もうひとつ意識して欲しいのが、バックスイングでの手元と体の距離を変えないことです。体の前傾角度がインパクトまで変わらないこと。グリップエンドは常に体の正面にあること。この2つの前提を考えれば当然なのですね。でも、バックスイングをしているうちに手元が体に近づいてしまうゴルファーがとても多いのも事実です。

この2つができれば、トップで葵のように掌屈し、ボールをしっかりつかまえて飛ばすことが可能になります。

掌屈は意図的にしないことと書きましたが、これがしやすくなるヒントをひとつ。親指と人差し指のグリッププレッシャーは、元々緩いはずなのですが、振っているうちに力が入ってしまう人がいます。これを直してみましょう。

トップで両手の親指、人差し指を少し緩める。これが難しければ、人差し指を伸ばすようにしてみましょう。これで余計な力が入らず、自然な掌屈ができるはずです。

トップで左手首が甲側に折れることがなければ、球が右に出るリスクは激減します。その上、掌屈でボールがつかまればいうことなしです。

機会があったら、葵のトップ・オブ・スイングの左手首に注目してみてください。

おわりに

２０２０年の途中から２０２１年にかけて、ゴルフ人口が、徐々に増え始めているといううれしいニュースがあります。コロナ禍で、感染リスクが少ない屋外スポーツとして見直され、ゴルフを始める人が増えたというのです。練習場にもゴルフ場でも、若い人たちの姿が目立っています。一度、始めてみれば、その魅力はすぐにわかることは読者のみなさんならご存知ですね。ゴルフコースの美しさ、気持ちよさも、いうまでもありません。

　ゴルフを楽しむ人がもっともっと増えればいいな、と僕はずっと思っています。健康につながることでもあり、みなさんの笑顔が増えることでもありますから。僕の大好きなゴルフを、もっともっと伝えたい。それが僕の使命だとも考えています。

　軽く打って飛ばすコツを詰め込んだ本書が、みなさんの長いゴルフライフのガイドブックになればいい、と「はじめに」で書きました。できる限り専門的にならず、やさしい表記を心がけたつもりですが、いかがだったでしょうか。飛ばせるような気持ちになり、練習したりコースに行ったりしていただけるとうれしいのですが。

　思い込みや勘違いに気付いた方もいるのではありませんか？　難しく考えず、基本中の基本をしっかり押さえながら、自分に合ったゴルフを楽しんでください。飛距離が伸びる保証はします。

　ゴルフは僕の人生そのもの。ずっとゴルフ

に助けられてきました。ゴルフなしで生きていくことは考えられません。命尽きるまでゴルフに恩返しをしていくつもりです。それが、みなさんにゴルフの楽しさを伝えていくことだと思っています。

ツアープロとなった2歳下の妹、葵の影響でゴルフを始めたことは最初に書きましたが、性格は正反対。ガッツのある妹とは対照的に、比較的おとなしい性格だった僕は、競技というよりも、ただただゴルフがしていたい、という気持ちでした。

競技をしているのに、他の人がボギーを打つとなんだかかわいそうになってしまうのが僕でした。「僕のパーをあげたい」というような気持ちになってしまう少年だったのです。それを引きずって、自分が次のホールでボギーを打ってしまう。競技には〝必要のない優しさ〟を持っていたのです。薄々、「競技ゴルフは自分には向いていないな」と感じていたこともあります。

それでも、強豪だった水城高校（茨城県）ゴルフ部に入ることができたので、うれしくて一生懸命練習に励んでいました。そこで恩師から忘れられないことをいわれました。

「翔太はプロには向いてない。プロになっても活躍できない。お前は優しすぎる。コーチになれば道は開ける。活躍できる」と。

高校3年生のときです。石井貢監督（当時）からの言葉でした。

1977年の創部以来、石井監督は水城高校ゴルフ部を育んでくださいました。「練習は試合のように、試合は練習のように」をモットーに練習したゴルフ部は、何度も全国大会に優勝。ツアー通算31勝の片山晋《かたやましん》呉《ご》さんを始め、12勝の宮本勝昌《みやもとかつまさ》さん、横田《よこた》真《しん》一《いち》さん、市原建彦《いちはらたつひこ》さんら多くの諸先輩をプロの世界にも送り出しました。

残念ながらゴルフ部は、定年後も指導してくださっていた石井監督が高齢になられて後継者が見つからず、その勇退とともに廃部になってしまいましたが、その教えはOBたちの心の中に脈々と残っています。

現在は、総監督という形で明秀《めいしゅう》学園日立《ひたち》のゴルフ部の子供たちを見守っていらっしゃいます。その石井監督には、僕はすべてを見抜かれていたのです。

最初はびっくりしましたが、自分でもわかっていたからショックはありませんでした。むしろ自分の迷いを取り除いてくれる救いのように聞こえたほどです。

今の僕があるのは石井監督のおかげ。感謝しています。今でも2週間に1回くらいは電話をしてお世話になっている恩師です。コラムに登場した後輩の星野陸也とも、監督の話ばかりしている気がします。その陸也も、今では日本ツアーを引っ張る存在としてメジャーの舞台に飛び出し、日本代表としてオリンピックにも出場しました。

高校卒業後、研修生として就職したゴルフ場で少しずつレッスンを始めると、やはり自分にはそちらのほうが向いていることがよくわかりました。自分のゴルフの成果より、教えた人の成果のほうがうれしかったからです。

やがて、ツアーで青木プロのコーチとキャディをするようになり、さらに世界は広がりました。

青木プロとのやり取りや、他のプロとの話、アマチュアの方へのレッスンなどを通して、ゴルフをより深く考える機会が増えました。同時に、もっと多くの人にゴルフのよさを伝えたい気持ちは強くなる一方です。

誰もがより長くゴルフを楽しめる方法をずっと考えています。シンプルでみんながでる方法をやさしく伝えたい。これがSNSでの発信にもつながっています。今回、一冊の本という形になったことは、この上ない喜びです。

ツアーではコーチのみなさんに会う機会もあります。辻村明志《つじむらはるゆき》さん、南秀樹《みなみひでき》さん、森守《もりもり》弘《ひろ》さん、井上透《いのうえとおる》さん、井上忠久《いのうえただひさ》さん、石井《いしい》忍《しのぶ》さん、三觜喜一《みつはしよしかず》さん、青木翔《あおきしょう》さん……。先輩方は、僕に色々なことを教えてくれます。ゴルフを愛するコーチ同士のつながりは、僕を大きく成長させてくれる大切な財産です。

青木プロ、成田プロ、渋野プロなど、多くのプロが本書を出す僕の背中を押してくれました。御礼申し上げます。僕が本を書く話をしたら青木プロがまず喜んでくれて、協力もしてくれました。渋野プロが協力してくれたことは、本の帯を見ていただければわかる通りです。

最後に、本書の出版にご協力いただいたみなさんにも感謝いたします。河出書房新社の稲村光信さん、菊池企画の菊池真さん、構成者の小川淳子さん、ありがとうございました。

みなさん、もっともっとゴルフを楽しんでください。時にはプロのプレーを見ることもその一助になるでしょう。僕は引き続き、ゴルフの素晴らしさをより多くの人に伝えるために頑張りたいと思います。どこかで見かけたら声をかけてみてください。

大西翔太

大西翔太（おおにし　しょうた）

◆プロフィール

１９９２年生まれ、千葉県出身。強豪・水城高校（茨城県）ゴルフ部出身。ＰＧＡティーチングプロＡ級。メンタルトレーナー、整体師の資格も取得してゴルフレッスンへつなげている。２０１５年から青木瀬令奈プロのコーチ兼キャディとしてツアーに帯同。コーチングにより、青木プロは大幅に飛距離アップに成功。２０１７年の初優勝、２０２１年の2勝目に貢献した。澁澤莉絵留プロともコーチング契約。大西葵プロは妹。ジュニアやアマチュアなど、どんなプレーヤーでも飛距離アップさせるコーチとして知られている。ゴルフ誌にてレッスンや多くのゴルフネットワーク『プレメンレッスン』を展開。自身のＳＮＳでは飛ばしの動画を公開している。

軽《かる》く振《ふ》ってきれいに飛《と》ばす!!
飛距離《ひきょり》アップの正解《せいかい》
変化《へんか》が目《め》に見《み》える、効率《こうりつ》のよいスイングの仕組《しく》み

二〇二一年一〇月二〇日　初版印刷
二〇二一年一〇月三〇日　初版発行

著　者……大西翔太

発行者……小野寺優

発行所……株式会社河出書房新社
〒一五一―〇〇五一　東京都渋谷区千駄ヶ谷二―三二―二
電話〇三―三四〇四―一二〇一（営業）〇三―三四〇四―八六一一（編集）
https://www.kawade.co.jp/

執筆協力……小川淳子（清流舎）
写真……富士渓和春、大西翔太
協力……青木瀬令奈、渋野日向子、大西葵、伊藤有志、成田美寿々、澁澤莉絵留、船橋カントリークラブ（千葉県）
デザイン・ＤＴＰ……原沢もも
編集……菊池企画
企画プロデュース……菊池　真

印刷・製本……三松堂株式会社

Printed in Japan　ISBN978-4-309-28924-3